U0113278

中国系列丛书

锦绣中国

SPLENDID CHINA

（第一辑）

刘淑慧　王治东——主编

上海教育出版社

编委会成员

主　编　刘淑慧　王治东

副主编　周德红

编　委　曹小玲　钱文华　资雪琴　宣　蕊

杨晶静　于小越　段　然

目　录

前　言

东华大学全面贯彻落实全国高校思政工作会议和全国教育大会精神，深入落实“新时代高教 40 条”，把思想政治教育贯穿高水平本科教育全过程，多管齐下建设“锦绣中国”思政选修课。“锦绣中国”在课程建设上抓好“三个融合”，将通识课程的价值导向与知识导向相融合，将思政教育与专业课程相融合，将线下授课与线上传播相融合，通过集中学科师资“双优势”，搭建“互联网＋”“双平台”，开启中英文“双声道”，叠加校内外“双效应”，取得积极育人成效，是对课程思政改革的有益探索与实践。众多中央和沪上主流媒体对课程建设情况予以关注和报道，产生了良好社会效应，成为上海高校“中国系列”课程中的一张特色名片。

东华大学借鉴上海高校“中国系列”课程建设经验，融入上海市教委“课程思政”改革体系，充分发挥以纺织为一体、材料和设计为两翼的“一体两翼”学科优势，挖掘优质教育资源，打造“高配”师资团队，包括校党政领导、中国工程院院士、国家“万人计划”教学名师、领军人才、全国劳动模范、全国人大代表、全国高校“双带头人”教师党支部书记、上海市教书育人楷模、行业领域专家等。自 2017 年 3 月课程开设以来，来自校内外的 41 位主讲人登上“锦绣中国”的讲台，近六成来自学校“一体两翼”学科。围绕“锦绣”关键词，从国家战略、纺织材料科技、行业发展，到服饰时尚、师德精神、名师成长、文化传承，课程内容涵盖十余个专题领域，匠心打造“有思政、有特色、有质量、有知识、有趣味”的“五有”品质课程内容，充分满足学生多样化的学习需求。

“锦绣中国”课程还面向来华留学生推出全英文版，给来华留学生讲述新时代中国故事，传播中国好声音，培养知华、友华、爱华的国际人才，不仅开启了文化交流“双声道”，更亮出了讲述中国发展、中国道路、中国自信的新通道。与此同时，“锦绣中国”思政选修课依靠易班云平台以及爱课程网，以“互联网＋思政课”的形式全面激活现有教学形式，通过课程与不同网络平台的有机融合，切实增强了思政选修课教育教学的即时性和便捷性，让课程更具吸引力。

目前，“锦绣中国”课程历时两年半，连续开出五期课程，纳入本书的为其中部分课程内容，整理编辑形成《锦绣中国》第一辑。《锦绣中国》第一辑主要通过纺织工业发展史的追溯、纺织工业发展过程中重要人物的挖掘、名家大师成长经历的分享，传递历史责任与担当，引导大学生在国家发展大潮中投身实现中华民族伟大复兴的事业中，提升创造力，为社会进步与国家富强贡献自己的力量，实现人生价值。

第一章　中国纺织业发展与大学生时代责任

朱　民

导语：中国人的穿衣问题经历了怎样的时代变迁？一针一线背后隐藏着怎样的科技创新与大国博弈？中国纺织工业如何从无到有、由弱变强，又是如何服务国计民生？一部中国纺织工业发展史包含着无数志士仁人科技兴国、实业强国、教育报国的信念和梦想，其中也凝聚了钱宝钧、方柏容、严灏景等一大批东华人的智慧和汗水。纺织业发展至今已经不仅仅局限在纺纱、织布、制衣等方面，国防军工、航空航天、交通运输等对纺织产品的需求也日益扩大，科技创新已经成为纺织业新一轮发展的核心，未来纺织业必将大有可为。东华学子应时刻铭记历史，坚定科技报国的责任担当，增强自主创新创业精神，努力成为志存高远、德才并重、情理兼修、勇于开拓，堪当实现中华民族伟大复兴中国梦历史重任的有生力量。

一、纺织工业与纺织科技的发展

说起纺织行业，人们的固有印象，往往是纺纱、织布、制衣，产能饱和、形势低迷。那么纺织行业是我们传统印象中的夕阳行业吗？下面我们通过纺织工业和纺织科技的发展来探究这一问题。

（一）世界纺织工业的发展

近年来，发达国家针对纺织工业的发展制定了国家战略和研究发展计划。美国制定了革命性纤维和纺织品计划，建立纤维和织物产业创新机构，重点发展新一代具有智能特征的纤维纱线技术和织物。德国在“工业 4.0”中推出了 Future TEX 计划，重点是可再生纤维材料、以顾客为中心的纤维产品制造、以智能纤维等为主体的未来新兴纤维材料等。欧盟推出了“地平线 2020 计划”，重点是医疗器械和智能纤维制品，新工业发展用的高技术非织造材料、高性能复合纤维材料、纳米纤维先进材料、安全防腐纤维材料等。发达国家正以其科技综合优势和革命性创新，抢占纺织产业技术制高点。

总的来说，欧美发达国家发展纺织产业有以下特点：

第一，采用政府、产业、学术三界联合模式，发挥各方优势，资金来源多元化。纺织产业的发展注重产学研合作，将科学研究、技术开发和商业界的力量有机结合在一起。美国革命性纤维与织物制造创新机构是美国国家制造创新网络中的第八家制造创新机构，由国防部牵头组建，麻省理工学院负责管理，包括了 89 家工业界、学术界和非营利组织成员，并获得 7 500 万美元的联邦投资和近 2.5 亿美元的非联邦投资。

第二，以国家重要战略、经济命脉、民生健康等多层面新需求为导向开发新纺织产品。美国、欧盟等面向国防军工、航空航天、交通运输、能源环保、医疗健康、智能城市等领域对纺织产品的新需求，开展技术研发和储备，加快发展超强、超细、超轻、智能、生态、生物医用等新型纺织品。

第三，强调循环经济和新材料研发的重要性。Future TEX 等计划提出了“节能”“提高原材料利用率”和“可再生性原材料”等主题，具体结合碳纤维材料回收等具体问题进行实践探索。同时延伸纤维材料的触角，“跨界”形成众多新兴产业。

（二）世界纺织科技的发展

世界纺织科技的发展，是以科技创新引领纺织工业的发展。当前，世界纺织技术的研究主要集中在以下几个方面：

1. 高性能纺织及复合材料

高性能纤维复合材料的强度是钢的五倍，轻量化效果非常明显，是军事装备、航空航天、汽车轻量化、新能源和工业装备轻量化等重要领域发展的关键材料。国际上，高性能纤维与复合材料产业，正从高端的航空航天应用的贵族材料，向大规模工业应用转变，正处于取代金属材料、大规模应用于先进制造业的黎明时期，产能及市场处于井喷阶段。德国 BMW－SGL 等公司联合经过十年研发，攻克碳纤维复合材料低成本化技术，成功实现碳纤维复合材料在批量生产汽车方面的大规模应用。在制造业振兴计划中，美国投资 2.5 亿美元，设立先进复合材料研究所。日本、法国、英国、韩国、西班牙、意大利、荷兰、俄罗斯等纷纷布局轻量化复合材料在先进制造业应用方面的研发。

2. 智能纺织材料

信息、生物和纺织技术的跨界融合，形成了能感应外界刺激，并作出响应的智能纤维材料及制品。高德纳公司研究表明，2013 年至 2018 年仅穿戴式智能纺织制品年复合成长率达到 25%，智能服装年成长率将达到 100%以上。鉴于智能纺织对于智能信息发展的基础性作用及其良好的发展潜力，欧美发达国家从国家层面上强调了发展智能纤维及制品的战略重要性，法国里昂 Cityzen Sciences 公司、谷歌(Google)联合李维斯、英国 CuteCircuit、加拿大 OMsignal 公司，重点开发具有自修复、自调整、自诊断、自适应、自恢复、智能形状记忆功能的纺织新材料，智能调温机理等可穿戴式智能纺织制品的产业规模逐渐增大。

3. 生物医用纺织材料

生物医用纺织材料，包括外科手术缝合线，敷料和将纤维束或纤维编织物(包括三维织物)作为组织工程支架用于人体组织的修复和再生的材料。美国、日本、欧洲等国是生物医用纺织及制品制造和应用大国强国。

4. 纳米纺织材料

纳米纺织材料及制品在空气过滤、水净化等环境保护领域，以及防水透湿服、轻质保暖服和高温隔热服等个体防护领域具有广泛的应用，有极大的市场需求和广阔的前景。目前在环境保护方面兼具高过滤效率、低空气阻力、长使用寿命的纳米纺织空气过滤材料等高端空气过滤材料市场被国外公司垄断，德国和美国公司的防水透湿材料占据全球绝大部分市场；美国杜邦、3M 公司在中高档保暖材料产品的制备方面开发了较为成熟的技术。

5. 功能纺织材料

随着经济的发展，人们对功能性纺织品需求越来越大，要求也越来越高。2014 年全球功能性纤维材料市场的销售额为 500 亿美元，国内销售额也在 500 亿人民币左右。未来功能性纤维材料市场每年还将有 3.8%的增长，市场前景光明。目前国际上功能纤维材料发展迅速，日本、欧美等在处于领先水平。发达国家国际知名品牌企业将功能与智能一体化纤维及制品的开发已提升到战略高度。Dupont(杜邦)、Reebox(锐步)、Nike(耐克)、Bico(瑞柯)、Serta(舒达)等公司都陆续推出系列功能性纺织产品，引领市场潮流。

6. 环境友好纺织材料

近年来，伴随着环境制约，不可再生化石资源日益匮乏，促使纺织材料向以生物质资源为原料的生物基化学纤维方向发展，并加快了纺织制品再生循环利用。美国、日本、欧洲等国相继推出再生材料促进计划，先后建立研发联盟，投入巨资开发高效绿色环保的生物基纤维，技术处于国际领先水平；发达国家同时开展多种不同纤维制品废弃物的循环加工技术的开发应用。美国、德国、法国、日本等发达国家化纤循环经济已经从“政策支持鼓励”走到了“以代表性大企业为主的自我发展”新阶段。

通过以上分析，我们可以清楚地看到，科技创新将成为纺织业新一轮发展的核心，纺织业不仅仅局限在纺纱、织布、制衣等方面，国防军工、航空航天、交通运输等对纺织产品的需求也很大。所以纺织业是朝阳行业，纺织必将大有可为。

（三）当前中国纺织工业的发展现状

上面对世界纺织工业和纺织科技的讲解有助于我们建立正确的“纺织”概念，也有助于我们开阔视野，把握世界纺织的发展趋势。下面再来看看我们国家纺织工业的发展。

纺织工业是中国实体经济的重要组成部分，是我国工业化进程的先行行业和基础行业，多年的发展已经为纺织强国建设打造了坚实的基础。数代纺织人的辛勤努力与付出，使得行业处在新的发展高度。在新的发展坐标上，中国纺织工业在全面建成小康社会、实现中华民族伟大复兴的进程中正发挥着积极的作用、扮演着重要的角色。

1. 中国纺织工业的发展阶段

亟待重生阶段：1949 年前，中国纺织工业十分落后。旧中国纺织工业大多集中在沿海几个城市，例如上海、天津、青岛等，纺织原料和设备几乎全部从国外进口。

快速崛起阶段：新中国的成立为纺织工业发展开辟了历史新纪元，为解决人民穿衣问题，在党中央的带动下，全国上下齐心协力推动纺织生产，逐步形成以棉纺织为龙头的纺织产业链。

发展调整阶段：1978 年党的十一届三中全会开启了改革开放新时期，我国纺织工业的发展也进入一个新阶段，其发展的规模、速度以及水平都是旧中国无法比拟的。这个阶段有几件大事：取消布票、形成大纺织格局、扩大出口、压锭调整产业结构等。

再次腾飞阶段：2012 年以来中国纺织产业结构调整不断深化，创新能力明显提升，主要特征有：技术纺织品发展力度加大；高性能、高仿真、功能性新型材料发展及应用；回收再利用技术发展；系统集成技术发展；低碳、节能环保发展模式。

2. 中国纺织工业的地位

（1）从经济发展看，中国纺织工业作为国民经济支柱产业的作用充分显现

2016 年，规模以上纺织企业实现主营业务收入占规模以上工业企业的 6.37%；利润总额占 5.8%；行业投资总额占制造业比重达到 6.84%；纺织品服装出口占全国货物出口比重的 12.88%。在消费层面，纺织服装在网络消费中占据重要地位，2015 年服装家纺网络零售交易额 8 310 亿元，占全国网络零售市场交易额的 21.43%，对国民经济作出很大贡献。

（2）从产业格局看，中国纺织工业作为国际竞争优势产业的地位日渐突出

自 2009 年以来，纤维加工总量在世界占比均超过 50%。2015 年中国纤维加工量达 5 300 万吨，占世界总量的 54.83%。中国纺织品服装出口占全球比重不断增长。2000 年，中国在全球纺织品服装出口份额占比为 14.80%，2015 年占全球纺织品服装出口份额增长至 38%。

（3）从发展成果看，中国纺织工业作为重要民生产业的定位更加明晰

纺织服装是满足人民物质需要的工业产品，也是丰富人民精神生活的文化载体。同时，纺织工业在促进均衡发展、稳定就业方面发挥着重要作用。2015 年，规模以上纺织工业（不含纺织机械企业）就业人数为 960.59 万人，占规模以上工业企业就业人数的比重 9.83%。

3. 新时期中国纺织工业的运行特征

（1）发展态势，稳中求进

国家统计局数据显示，2016 年，我国纺织行业规模以上企业工业增加值同比增长 4.9%，固定资产投资同比增长 7.8%。全年规模以上纺织企业实现主营收入同比增长 4.1%，实现利润同比增长 4.5%。

行业国内消费市场保持了一定的增长。2016 年全国限额以上服装鞋帽针纺织品零售额同比增长 7%，全国网上穿着类商品零售额同比增长 18.1%。

行业盈利能力稳定。2016 年，规模以上纺织企业销售利润率为 5.5%，较上年同期略有提升；总资产周转率 1.6 次/年，基本与上年同期持平；产成品周转率为 21.98 次/年，较上年同期加快 4.4%。整体来看，行业稳中趋好。

（2）发展动能，新意送出

结构调整呈现新局面。2016 年，行业在产业结构、产品结构、区域结构等方面的优化调整取得了较好成效，特别是产业链终端环节运行态势良好。2016 年，服装、家纺行业品质提升与品牌建设取得成效，全年销售利润率分别达 5.8%和 6.2%，

高于行业平均水平。

技术演进带来新契机。材料技术、智能制造、绿色制造等引领技术相辅相成，成为行业变革的重要动力。材料技术保障了行业原料供应，推动了产品品质提升与品种丰富。智能制造带来了行业生产效率大幅提升、绿色制造推动了资源环境有效利用。

模式创新注入新活力。以场景经济、娱乐经济、共享经济为代表的“新经济”，构成行业的价值创造模式。场景经济通过丰富经营场景、提升消费体验来创造价值。例如，将 VR 技术与时装秀、电子商务、量体裁衣等结合，营造更具沉浸感的用户体验。娱乐经济将消费者对产品的需求从有用延伸到有趣。例如，网红经济、智能服装、C2B 模式等，均通过增加趣味来创造需求。共享经济是通过分享产品、分享产能、分享创意等方式，实现闲置资源的再利用。

(3) 不确定性增加，结构性调整挑战巨大

当前世界范围内，政治事件与经济波动，相互激荡、风波迭起；国内市场上，结构调整与需求升级，相互掩映。从全球市场看，行业贸易环境日渐复杂，经济复苏和缓；“逆全球化”趋势开始显现，部分国家经济民族主义、贸易保护主义有所抬头，势必会压制国际需求；区域内贸易协定逐年增多，一定程度上割裂了跨区域的经贸合作。当今世界“黑天鹅事件”频繁发生，机遇与挑战瞬息万变，正考验着中国纺织工业发展的定力与器量。

从以上纺织工业的发展与现状看，特别要注意以下两点：第一，中国几十年来纺织工业的发展，完全是在建国初期生产力极度落后的条件下，经过几代人的艰苦努力才发展到世界纺织大国地位，这样的成绩来之不易，这样的地位要倍加珍惜；第二，纺织工业的向前发展，与新技术革命是紧密联系在一起的，面临着深刻变革和重大发展机遇，只要能抓住机遇，坚持创新驱动、绿色发展、文化引领，锻造好覆盖“时尚产业板块、科技产业板块和先进制造产业板块”的“新三板”，就能有效地向世界纺织强国进发。

二、东华对中国纺织工业和纺织科技发展的贡献

（一）东华的历史是一部始终与中国纺织工业发展紧密相连的发展史

学校创建于 1951 年，时名华东纺织工学院，是新中国第一所纺织高等学府。历史渊源可上溯至清代实业家、教育家张謇 1912 年创办的南通学院纺织科。1960 年，

学校被国家教育部确定为全国重点大学。1985 年，学校更名为中国纺织大学。1995 年，进入国家“211 工程”重点建设行列。1998 年，由中国纺织总会划归教育部管理。1999 年，更名为东华大学。

建校以来，学校人才辈出、贡献卓越，一代代东华人以国家富强为己任，是中国纺织工业的中流砥柱。一代代东华人怀着“为国为民、勇于奉献、求真务实、追求卓越”的志向和信仰，把从学校学习积累的知识、掌握的本领出色地服务于国家建设，尤其是纺织工业的建设。在这里，引用全国政协副主席陈锦华为东华五十周年校庆时所作的题词：“从旧中国人民衣不蔽体，到新中国的丰衣足食和成为世界纺织大国，东华大学作为纺织业的人才摇篮，功不可没，业绩辉煌。”这是国家领导人对学校所作出的贡献给予的充分肯定。

（二）东华是中国纺织科技创新的源头和引擎

东华大学作为国家“211 工程”重点建设的高等院校，坚持创新驱动发展，在发展中积累了雄厚的纺织科技创新能力，发挥了科技引领作用，取得了丰硕的成果，有效地支撑着中国纺织工业的发展。国家科学技术奖是全国科技领域的最重要的奖励，受到党中央高度重视和全国人民广泛关注，包括国家自然科学奖、国家技术发明奖、国家科学技术进步奖，这些是我国纺织行业最具含金量科技创新成果。百篇优博论文不仅体现着学校人才培养质量，也体现了学校科技创新能力，学校在历年的评选中囊括了纺织学科所有的全国百篇优博论文 8 篇，在全国高校中位列第 30 位。下面是我校在不同阶段的标志性成果：

成果一：高速纺。高速纺的确切称呼是高速纺丝，是 20 世纪八九十年代国际化纤长丝领域的一项最新科学技术，也是我国亟需的前沿科技。在这样的大背景下，学校主动承接了纺织工业部的重点项目“涤纶长丝高速纺丝工艺与设备”，80 多位教师在校内进行集体科研，在校外和上海机床厂等十几家企业联合攻关，20 世纪 80 年代初生产的样机纺丝速度达到德国同类产品水平。1983 年学校又接受国家经委、计委、科委、财政部和纺织部下达的六五国家重点科技攻关项目“涤纶长丝高速纺丝机及其纺丝工艺的研究”，攻克多方面技术难点。1987 年国家计委、科委和纺织部向学校下达“6 000 米/分涤纶超高速纺丝工艺和设备”攻关任务，这次瞄准了每分钟 6 000 米纺丝速度，这个速度代表着当时世界上最先进水平，1991 年项目通过国家七五科技攻关项目鉴定，出色完成了国家交给的任务。

成果二：碳纤维。20 世纪 80 年代，我国头号战略武器面临最后两项久攻不克的难题，其中之一就是作为洲际导弹弹头防热层关键材料的航天级高纯粘胶基碳纤维，它的性能、品质直接关系到飞行成败。因其性能要求极高、制备技术极难，当时只有美俄两个超级大国拥有，且对我国实行禁运和技术封锁。难关能否攻克将直接决定导弹上天的成败。关键时刻，学校化纤专家潘鼎教授领衔的碳纤维项目组临危受命，采用国外弃用而国内仅有的棉浆基纤维素为原料，苦战四年，最终成功研制出集美俄两国同类产品性能所长的航天级高纯粘胶基碳纤维，为国家头号战略武器飞天提供了关键性技术支持。此举不仅填补国内空白，更让我国由此成为世界上第三个掌握该技术的国家，为国防现代化和经济发展作出重大贡献。

成果三：宇航服。持续对接国家战略，为航天员提供宇航服是我校科研工作者的又一杰出贡献。2008 年 9 月 25 日“神舟七号”载人航天飞船载着三名宇航员成功迈出“太空第一步”，宇航员舱外穿的衣服是以我校张渭源教授主持的“暖体假人”项目为基础所设计的。航天员出舱后，在太空中可能遭遇极端天气，温度可能从零上 160 多度骤降为零下 120 多度。在这一情形下，舱外航天服是宇航员唯一赖以生存的生命屏障。舱外航天服能否承受如此恶劣的太空环境，真人实验有巨大风险，“暖体假人”便应运而生。2016 年 11 月 18 日下午，“神舟十一号”飞船返回舱顺利着陆，航天员景海鹏和陈冬凯旋，“天宫二号”和“神舟十一号”载人飞行任务圆满成功。在本次任务中，学校航天员服装研发设计科研团队承担了保障航天员太空和地面工作、生活的系列专用服装设计研发工作，团队依托我校特色优势学科，由俞建勇院士担任团队项目技术总指导，服装与艺术设计学院李俊教授担任负责人。项目研究成果受到媒体广泛关注，社会反响强烈。中国航天员科研训练中心召开会议，表彰 2016 年空间实验室任务中贡献突出的外协单位，会议对东华大学为空间实验室任务的圆满成功作出的重要贡献给予了充分肯定。

（三）东华的未来将实现纺织学科进入国际顶尖行列

当前世界范围内新一轮科技革命和产业变革正在进行，信息、生物、制造、新材料、新能源技术广泛渗透到几乎所有领域，带动了群体性重大技术变革，新一代信息技术同机器人和智能制造技术相互融合步伐加快，新科技革命为学校发展提供了新的机遇。

2015 年，我国启动了“中国制造 2025”；2016 年，出台了《国家创新驱动发展战略纲要》，对智能绿色制造技术、资源高效利用和生态环保技术、先进有效安全便捷的健康技术、引领产业变革的颠覆性技术等进行了全面布局。按照国家总体部署，我国纺织产业新一轮发展将以纺织科技创新为支撑，在保持纺织产业总量世界第一的同时，聚焦国际纺织产业发展趋势，突破产品附加值低、新兴纺织品发展慢、资源环境制约等瓶颈，推进我国纺织产业走向高端，实现大而强。

作为国家重点建设大学，有力支撑国家的发展目标是学校的使命担当。在学校第十次党代会上，学校明确了全面实现国内一流、国际有影响、有特色的高水平大学的发展目标。学校将以科技创新为重点，以人才发展为核心，优化战略布局，积极对接“一带一路”“中国制造 2025”等国家战略，进一步加强以纺织为“一体”，材料和设计为“两翼”的优势特色学科建设和工、理、管、文等其他学科自身特色建设，进一步加强与产业的联系，为现代纺织、先进材料、时尚设计等行业和领域提供一流成果和一流的人才，实现纺织学科进入国际顶尖行列。学校将重点在以下几个领域进行科学研究以期得到突破。

1. 先进纤维材料技术

适应纤维高性能、多功能、低尺度、环境友好发展趋势，重点开展高性能纤维、功能纤维、纳微米纤维、生物质纤维和循环再生纤维材料研究。

2. 先进纺织加工技术

适应基于新产业革命的纺织智能制造、生态制造的发展趋势，重点开展纺织加工技术创新、智能纺织技术和生态染整技术研究。

3. 新型纺织材料技术

适应国家和上海航空航天、国防、医疗、健康等产业需求，重点研发纺织结构复合材料、生物医用纺织材料、智能纺织材料等。

4. 基于现代信息技术的时尚品牌与管理创新研究

利用大数据、云技术、人工智能等现代信息技术，开展对时尚经济、时尚品牌、时尚地理、时尚商务、消费人群生活方式等宏观与微观因素的综合研究，探索更有效的时尚品牌与管理模式，研制更精准的时尚流行趋势预测新方法。

5. 基于新型材料与技术的时尚产品创新与研发

利用新型功能型材料和可穿戴电子技术进行时尚产品创意设计并研究此类新产品的性能。通过利用纳米纤维、自我净化、能源储存、响应材料、形状记忆、仿生材料等新型功能材料，三维打印、激光雕刻、数码印刷、热熔缝合、超声波缝合、速压成型等多种新型工艺技术，创造性地融入可穿戴电子产品，进行时尚创新与研发。

6. 基于时尚美学与时尚文化传播的创新研究

研究跨文化、跨民族、跨时代的时尚文化与审美标准，人体美学与服饰关系，以及当代人文与信息环境下的时尚文化传播，以实现文化传承创新的功能，并由此来指导新时尚创新。

三、当代大学生的时代责任与担当

什么是时代责任？我们可以从两个方面理解，首先是一种应尽的义务，是时代使命的一种呼唤；其次反映的是这个时代的某种精神或品格。社会中每个组织或者个人，都要承担一定的责任。担当就是承担责任的意思。中国纺织工业是中国国民经济的重要支柱，东华大学是中国纺织工业的引擎和发展动力，作为实现中华民族伟大复兴中国梦的重要力量，广大青年必将是中华民族的脊梁，担负起实现“中国梦”的时代责任。

习近平总书记曾语重心长地寄语广大青年：“青年是国家的未来和民族的希望。希望青年一代肩负时代责任，高扬理想风帆，静下心来刻苦学习，努力练好人生和事业的基本功，做有理想、有追求的大学生，做有担当、有作为的大学生，做有品质、有修养的大学生。”

大学生为什么要懂责任、勇担当？我们要做什么样的人？我们该怎样学习？在编织锦绣中国的中国梦的同时，编织自己的锦绣人生。

（一）大学生为什么要懂责任、勇担当?

我们所站立的地方，就是我们的中国；我们怎样，我们的中国就怎样。希望大家坚定共产主义理想和中国特色社会主义信念，明确人生目标。

1. 缔造富强的中国是青年的使命传承

梁启超先生的《少年中国说》中有这样一段话：“少年智则国智，少年富则国富，少年强则国强，少年独立则国独立，少年自由则国自由，少年进步则国进步。”梁先生说：“今日之责任，不在他人，而全在我少年。”这篇文章写于戊戌变法失败后的1900年，当时的中国内忧外患，遭遇“数千年未有之大变局”，面临被西方列强瓜分的危险，西方的列强们嘲笑当时的中国是“老大帝国”、是“东亚病夫”、是“一盘散沙”。戊戌变法是力图振兴中国的一次政治改革，变法失败人心迷茫之际，梁先生把中国的发展和希望寄托在了青年身上，他希望未来的青年人能够缔造一个新的、富强的中国。今天我们读起来仍然能够感到心潮澎湃、热血沸腾。

"家是最小的国，国是最大的家。"刚才我们讲到纺织工业发展历史的时候，提到近代著名的实业家、教育家张謇创建南通纺织学校的故事。张謇是清末的科举状元，他的为人处世之道是中华民族优秀传统和道德观念熏染的结果。儒家经典强调"修身齐家治国平天下"，张謇的一生基本上也遵循了这个轨迹。在这个轨迹上，他的历程可分为两个阶段。以甲午战争为分水岭，在这之前，他基本上是为个人而奋斗，一切努力都在为改换门庭、为个人和家族扬眉。但是，甲午战争的爆发使他看清了国与家的关系，让他立志舍小求大，为国家、为民族鞠躬尽瘁，实际上也就在践行"治国平天下"了。张謇是一个怀有报国之志的人，他曾经是政治风云人物，在清朝时就做官(翰林院编修)；中华民国成立以后，担任实业部总长、农商总长、全国水利局总裁等要职。但是他从政的目的是为了推进中国的近代化，是为了国家的繁荣与富强。因此，在1915年他发现袁世凯有称帝复辟帝制的迹象后，立即辞去所担任的政府职务，就此退出政坛，通过经营实业、教育来振兴国家。他曾经说，每个人都想活得更长久，但是一个人如果对国家没有贡献，"即活至百岁，奚得为寿"？意思就是说，如果一个人对社会和国家无益，活得再久又有何意义呢？回顾张謇的一生，他创办了20多个企业，370多所学校，为我国近代民族工业的兴起，为教育事业的发展作出了宝贵贡献，被称为"状元实业家"。他的一生，就是为国家和民族奋斗的一生，充分体现了中国知识分子身上"先天下之忧而忧，后天下之乐而乐"的高尚品质和精神。

2. 实现"中国梦"是青年的时代责任

回顾中国的发展历程，是梁启超先生所说的一代又一代的"少年"们，为了完成缔造一个新中国的使命，为了中华民族伟大复兴不屈不挠地奋斗，历尽艰辛地求索的过程。正如习近平总书记所指出的那样，"实现中华民族伟大复兴是一项光荣而艰巨的事业，需要一代又一代中国人共同为之努力"。今天，我们常常说起"中国梦"，对于国家和民族而言，"中国梦"首先是全面小康的梦。也就是在第一个百年，即中国共产党成立100周年时，我们要全面建成小康社会，这是中国梦的第一个宏伟目标。1979年，邓小平会见了日本首相大平正芳。大平正芳在和邓小平见面时，就问邓小平："中国将来会是什么样？整个现代化的蓝图是如何构思的？"邓小平说："我们要实现的四个现代化，是中国式的四个现代化。不是像你们那样的现代化的概念，而是'小康之家'。"现在国家正在实施扶贫工程，帮助中西部落后的地区尽快脱贫。学校也委派了干部到云南盐津的贫困村挂职第一书记，让当地的贫困村富裕起来，实现全国人民共同小康的目标。中国梦的第二个宏伟目标就是在中华人民共和国成立100周年时，基本实现现代化。届时的中国将是更加富强、民主、文明、和谐的国家。有人预计，2050年中国的GDP将占世界的30%以上，重新回到世界经济的制高点，中国制造、中国品牌将会是世界的热门商品。大家现在经常抱怨环境污染，连北京都有雾霾，并且还很严重，2050年的中国将会是一个蓝天白云、绿树覆盖、环境宜人的美好家园。

现在，有一部分学生认为自己分内之事就是完成学业，完成学业就是自己的责任。这完全正确，但同时必须牢记我们的时代责任。大学生是社会的精英群体，广大青年学生的品德、学识不但决定了自身的未来，更关系到国家和民族的未来，与国家的命运休戚相关。未来的10年、20年、30年，青年一代将全程参与到实现"两个一百年"目标和伟大"中国梦"的进程中来，今天青年的每一项选择、每一个行动都可能影响着时代变化的速度和方向，青年一代的价值取向将决定未来整个社会的价值取向。如果我们大学生缺乏远大理想和抱负，只拘泥于自己的学习和工作，只求满足自己的需要，那就谈不上有社会责任感了，"少年中国"和民族的伟大复兴也就无从谈起。党的十九大明确提出要培养学生的社会责任感、创新精神、实践能力。学校也将高层应用型创新人才作为人才培养目标，加强教育改革，不断提升人才培养质量。天下兴亡，匹夫有责。我特别喜欢北宋大儒张载的一句话，他说一个知识分子应该"为天地立心，为生民立命，为往圣继绝学，为万世开太平"。这是古代读书人、知识分子承担历史责任和社会责任的宣言。古人尚且如此，那么我们呢？"中国梦"是一项光荣而艰巨的事业，"中国梦"的实现需要一代又一代中国人共同为之努力，当然这也是我们每一个青年的责任，因为我们每个人的前途命运都与国家和民族的前途命运紧密相连。

实践已经证明并将继续证明：伟大的"中国梦"，只有在中国共产党的领导下才能够实现。希望大家坚定共产主义远大理想和中国特色社会主义共同理想，牢牢把握马克思主义科学真理，深入学习并贯彻习近平总书记系列重要讲话，担当时代赋予自身的责任，将党和人民的期盼转化为自身的行动指南，在全民族共同奋斗的伟大历程中放飞青春梦想、实现人生价值。

3."伟大时代"的青年应当树立报国之志

今天我们所处的时代跟前人有很大不同。改革开放40年来我们取得的成绩为全世界所瞩目，中国现在已经是世界大国，总体经济实力仅次于美国，位居全球第二，虽然还有很大的差距，尤其是科技创新方面，但是将来我们一定要，也一定会超过美国，成为世界第一大经济体。此外，我们国家的军事实力、科学技术等都走在世界前列，“两弹一星”、核潜艇、航空母舰等国之重器，奠定了中国的大国地位，让中国实现了和平崛起。十八大以来，人民生活水平不断提高。同学们正处于一个伟大的时代，可谓生逢其时。可能我这么说，大家没有直观感受，有同学觉得生活本来不就是这样的么？那我就简单谈一谈我读书时候的故事，我 1980 年考进华东师大化学专业，那个年代，由于录取率较低，我们考大学比现在要困难许多。进入大学之后，我们深感读书的机会来之不易，因此抓住一切机会认真学习、珍惜机会好好读书。在没有空调、没有网络、没有手机的环境里，大家都特别看爱书，特别用功，平常图书馆里都是人，书架上的好书特别“抢手”，前一个同学刚刚还，马上就被下一个同学借走了。晚上图书馆、教室熄了灯，外面路灯下面还有看书的同学，几个通宵亮灯的教室里坐满了人。拼命读书还有另外一个目的，当时国家刚刚从“文革”的动乱中摆脱出来，各方面都是百废待兴，或者说是非常落后。作为大学生，我们看到西方国家很发达，大家感到责任重大，也特别着急，都想学好专业知识尽快建设社会、回报祖国。

目前，我们正处在“伟大的时代”，建设一个富强的中国，实现我们民族的伟大复兴的“中国梦”离我们很近，到 2020 年全面小康社会建成时，我们青年一代还不到 30 岁。习近平总书记说：“我们比历史上任何时期都更接近中华民族伟大复兴的目标，比历史上任何时期都更有信心、更有能力实现这个目标。”

（二）我们要做什么样的人?

一个人最重要的不是拥有多少财富，不是拥有多大的房子，最重要的是拥有良好的道德品质。拥有着良好的道德品质，人生就会永远绽放光芒。关于“做什么样的人”，我也有几点想法和大家分享。

1. 做一个坚守良知的人

做一个坚守良知的人，首先要提升自身的文化素质和理论修养，提升自身的思想高度，继承中华民族的传统美德。中华文明的精髓在于对人的品性修养的重视，强调立德修身，要求学生“立世先立身，为学先为人”。大学生德智体要全面发展，首先就要有“德”。在大学里，学业是基础性和根本性的东西，是本职“事业”，但是读好书、做好学问只是基本，更重要的是，我们要讲“德”，懂得做人的道理。党的十八大提出要立德树人。在中国的传统文化中，儒家的大学之道有三纲领：大学之道在明明德，在亲民，在止于至善。这里的“明德”“亲民”“至善”既是个人人格，也是个人修养的理想境界。那如何达到这个理想境界呢？我觉得，在于坚守良知。良知是为人处世的根本，是社会道德的底线。坚守良知，不需要你有过人的才华，不需要你有远大的志向，也不需要你有超凡脱俗、不同凡响的能力，良知就是你做人做事的基本准则。越是受过良好教育的人，越是有抱负、有能力的人，越是应该捍卫良知。这是我们作为社会公民的基本责任，这也是我们的生活和生命的意义所在，我们要做社会良知的坚守者，做善良、正直、诚实、守信的人，做一个有“德”的人。

一个人只有品行端正，做人才有底气，做事才会硬气。我的个人体会是，做人、待人要真诚、厚道，做一个善良的人。一个人的发展与做人做事是联系在一起的。文明的社会还是优待厚道的人，因为真善美是人类所追求的目标，也是我们社会主义核心价值观所倡导的。社会主义核心价值观虽然只有 24 个字，所讲的其实就是“德”，既有个人的“小德”，也有国家和社会的“大德”。践行社会主义核心价值观是要从做个正直诚信、做个有良心良知的人开始，让我们的人生价值达到理想的境界。

2. 做一个甘于奉献的人

人生奋斗目标上的社会意识和整体意识，不能完全被个人意识所取代。在这里，我想与大家分享的是东华大学老校长、中国高分子学科奠基人钱宝钧先生的故事。钱先生的一生治学严谨、胸怀国家、淡泊名利，高尚的师德师风感染和影响了许多人。钱宝钧的一生和整个中国的命运紧密相连，他们那代人传承了中华几千年文化中士大夫的优秀品质，总是把国家民族大义放在前面。抗日战争爆发的时候，钱宝钧正在英国曼彻斯特理工学院攻读研究生，日军侵略中国的消息传到英国，钱宝钧毅然决定回国投身抗日救国；新中国成立，百废待兴，他又放弃了高薪职位，积极创办中国纺织高校。“不为一己求安乐，愿作别人嫁衣裳”，说的就是钱宝钧先生的做人品行。尽管当时钱宝钧年岁已高，但他不顾自己年迈体衰和视力差的困难，常常借助于放大镜，反复仔细地分析研究生的实验数据，帮助学生修改论文，甚至连一个标点、一个字母的小差错也不会轻易放过。他关心学生就像慈父关心自己的子女一样，有时学生因做实验而误了就餐，他就把学生请到自己家里去吃饭。

“文化大革命”时期，有一个美国高分子代表团来我们国家交流，当时带队的是一个曾经获得过诺贝尔奖的教授，他看了当时中国高校落后的科研现状，断言中国出不了像国外那样做高分子物理跨学科研究的学者。当时，钱宝钧先生也在场，他听了之后义愤填膺。此后，他亲自推动跨学科研究的发展，培养了许多高分子领域跨学科的人才，其中大部分人已成为我国材料科学领域的骨干力量。这些人才中，最具代表性的就是美国阿克伦大学高分子科学与工程学院教授、美国国家工程院院士程正迪先生。程正迪是从事材料领域跨学科研究的典范，也是世界上高分子科学和工程界的领军人物。2013 年，他获得了美国物理学会年度高分子物理奖，是获得此奖的第一位中国改革开放后出国的留学生。有一次我跟程正迪先生说起钱宝钧先生，他告诉我，他的第一篇论文也是钱宝钧老师一字一句修改的，并且钱老师非常谦虚，不让署自己的名字，让他特别感动。他说："钱老师是我一生的楷模，做学问先做人，我是从他身上学到的。"同学们，今天你们作为新东华人，更加应该学习和继承钱宝钧先生身上的精神品质，做一个"大写的人"，做一身正气，讲品行、讲奉献的人。

这里我们再谈谈幸福。什么是幸福？我想很关键是要理解"获得"与"给予"，真正的幸福不是"获得"，而是"给予"和付出后的体验。要通过帮助别人来成就事业，在为社会奉献中实现个人价值。一个人做事要多考虑付出，不要做一件事就在想着回报。我特别认同这句话：只做耕耘，不问收获，自然会有收获。

3. 做一个勇于负责的人

责任心，就是对他人、家庭、工作、集体、社会、国家，乃至人类应尽义务的自觉态度。我们中华传统文化历来是非常重视责任心的，古代的士大夫就是以家、国、天下为己任的文化知识群体。"天下兴亡，匹夫有责"就是他们高度责任心的体现。这种责任意识、担当精神体现着一种人生态度和价值追求，因而也被一代又一代的中国人所传承。在当代社会，我们同样可以说，做一个有责任心的人，他的人生才是积极的人生，有意义的、有价值的人生。

这里，我想跟大家分享一个小故事。2016 年，10 月 17 日 7 点 30 分，"神舟十一号"载人飞船发射升空，与"天宫二号"空间实验室进行对接，两名航天员将在轨驻留 33 天，这是迄今为止我国载人飞行时间最长的一次任务。但是大家知道"神舟十一号"的航天员景海鹏和陈冬的五款服装是由东华大学航天员服装研发设计团队出品吗？这支团队的平均年龄还不到 40 岁。他们正是怀着一颗责任心接受了祖国交予的使命，每天热火朝天地工作，每天工作都超 18 个小时，花在测试和风险控制上的时间要远远多于正常任务的时间。其中一名老师在暑假研发的过程中因连续熬夜而导致肾结石病突发，在医院等待手术的时候，他依然不忘抱着电脑做设计工作，当时大家去医院看他，都非常感动，劝他多休息几天，可是手术后第二天他就迫不及待回到了岗位。这样的故事这个团队还有很多。正是因为他们的责任心，航天员的航天服才研发成功，可以说是为国家航天事业作出了巨大贡献。

承担责任和维护尊严、追求理想一样，都是做人的代价。从我们出生的那一天起，便注定了我们要负重前行，要关心环境、关心社会、关心他人，我们所肩负的责任便是我们生活的内容。履行自己的责任诚然要付出艰辛，但绝不是一件痛苦的事，只有在尽职尽责中，我们才会有自我满足和收获的喜悦。

（三）我们应该怎样学习?

每个人的世界都是一个圆，学习是半径，半径越大，拥有的世界就越广阔。那我们应该怎样学习呢?

1. 要大胆创新，走卓越的科研道路

2015年，学校成立先进低维材料中心，邀请程正迪先生来做报告。程正迪先生说做学问就像做艺术品，从哪个角度都是最美的，力求做到最好。他说，做学问跟做人一样，要做真学问就需要积累和沉淀，要多潜心思考，更要大胆创新，走出自己的路，做创新之学问。大学就是要求我们把一群极具创新思维的教师和一群极具创新思维的学生聚集在一起，让大家互相激励，产生使学生受益终身的创造力、创新力和智慧。东华大学是一所崇尚创新创业的学校。希望同学们学会质疑、学会提问，坚持大胆发现，勇于探索，要对旧理论、旧观念、旧结论大胆怀疑和突破，甚至要对权威进行挑战。科学研究是对未来的探索和创造，既要继承前人的成果，又要克服盲从并开拓创新。

大家都知道2016年，“天宫二号”成功发射，学校作出了很大贡献。“天宫二号”上天的“翅膀”——太阳能帆板的网格材料就是由纺织学院的陈南梁教授的团队领衔研制的。我们看来非常平常的玻璃纤维在陈南梁教授团队进行了创新研究后，被编织成半刚性的网格材料，应用到了航天器的太阳翼上。可以说，陈南梁教授没有局限于现有的纺织专业研究领域，独辟蹊径，打开了“航天纺织品”这个新的研究领域，进行了“太空纺织革命”。陈南梁教授认为，纺织能为国计民生做的太多了，目前很多人对纺织的理解仍停留在“穿衣织布”上，甚至于我们自己的学生也会这样理解。如果我们在做学问的时候打不开视野和思路，缺乏独立自主的创新精神，大家局限在现有的领域，仅以完成导师交代的研究工作为任务，这种做学问的态度又怎么能够体会到探求真理、取得成功的快乐呢？所以，我希望同学们要结合自己的研究方向，多思考、多探索，找到适合自己的创新方法，早日叩开科学真理的大门。

2. 要勇于付出，在艰辛中体悟快乐

大学提供了一个机会，让大家可以自主探索自己喜欢的科研方向，挑战自己从未接触过的领域。这个挑战也许是一个枯燥的过程，但是没有“枯燥地坐十年冷板凳”的决心和毅力，你是体会不到其中的快乐的。我的导师金利通先生是知名的化学家，也是全国劳模，已经80多岁，至今还是坚持去实验室，培养学生和坚持研究已经成为他生命中一个组成部分，他一直向学生阐述“快乐化学”的理念。我曾在学校的新闻上看到了信息学院沈波教授科研团队的故事。沈波和他的团队克服了一道道难关，解决了智能工业机器人控制领域的难题，他们的研究工作得到了国际同行的认可，研究成果也在国际控制学界产生了较大的影响。沈波教授也入选汤森路透全球2015年和2016年高被引科学家（中国高被引科学家2015年为148人，2016年为175人）。很多人都钦佩他们，夸奖道：“你们真了不起，没有周末没有假期，埋头在实验室里辛苦搞研究，真是太辛苦了。”但是沈波老师却说：“别人只看到了我们的艰辛，却无法感受到我们科研中的快乐，那是源于热爱、源于梦想、发自内心的快乐。学习的过程是艰辛的，但是我更加希望大家体会到的是其中的快乐。大家设想一下，当你们作为课题组的一员，与其他同学一起合作，借助扎实的科研攻关，解决了前人一直未能破解的难题，取得了一系列原创性成果，还有什么能比这样的生活方式更快乐呢？”

3. 要开放包容，以国际视野去学习

什么是以国际视野去学习？国际视野不是简单让大家去关注和研究国际问题，而是在经济全球化进程日益加快的今天，作为国家发展、民族振兴的中坚力量，做学问应当放眼全世界，具有国际化的视野。G20杭州峰会上，中国树立了作为负责任大国的新风范，在未来相当长的一段时间内，中国将在世界经济秩序的重构过程中获得更多的话语权。这也需要我们培养出更多的具备国际视野的大学生。具备国际视野，不仅仅是掌握国际通用的语言，具备较强的外语及交流沟通技巧，更重要的是思维方式的转变，要有开放、包容的学习态度，掌握来自世界各民族的知识和资源，从而更好地实现自己的价值和目标。著名主持人杨澜在美国哥伦比亚大学留学时，她意识到自己传统思维所带来的先天盲点：“我发现世界上原本有各种各样的人，各种各样的思维方法，同样的事物有来自不同角度的各式各样的看法。从此，我不再那么自以为是，不再以为自己以前一贯接受的观点肯定是正确的了。”可见国际视野意味拥有开放包容的胸怀，意味着要理解多元文化，要用谋划全局的眼光看待事物。国际化的视野带给我们的是一种多角度看问题的方法，是一种兼容并蓄、博采众长的学习态度。大家都学习生活在集体中，包容特别重要，我们要习惯尊重他人，尤其要习惯欣赏他人，从某种程度上来说，尊重他人，就是尊重自己。人和人相处就是作用力和反作用力。人和人之间是有差异的，我们在与人相处中理解和尊重这样的差异，绝不能用自己的观点想法强加于人，一定要学会换位思考。我们要抱着这种相互尊重、理解、欣赏的心态，多看人家的优点和长处，多拿自己的缺点、不足和人家比，这样你才能更好地接受人家，更好地团结协作。希望你们不断努力提升自己的修养，为未来承担大任做好准备。

结 束 语

我们党历来高度重视青年，始终把青年看作祖国的未来和民族的希望。国家印发《中长期青年发展规划（2016—2025年）》（下面简称《规划》），从教育、就业创业、文化、社会融入与社会参与、社会保障等十个领域确定了青年的具体发展目标，并提出了具体发展措施。这是新中国成立以来，我国首个青年发展十年规划，将青年发展事业上升为国家意志。《规划》指出，到2025年，广大青年要不断成长为“志存高远、德才并重、情理兼修、勇于开拓，堪当实现中华民族伟大复兴中国梦历史重任的有生力量”。

习近平总书记强调，青年最富有朝气、最富有梦想，青年兴则国家兴，青年强则国家强。只有把人生理想融入国家和民族的事业中，才能最终成就一番事业。我相信你们通过自己的学习和努力，一定能成为德才兼备、全面发展的人才，为学校有特色高水平目标的全面实现，为纺织工业强国建设，为实现中华民族的伟大复兴贡献自己的青春、智慧和力量，为人类的进步作出自己应有的贡献。

（关于纺织工业发展的部分资料来源于中纺联第四届二次理事会相关报告。）

第二章　历史使命与成长成才

刘淑慧

导语：纺纱织造，衣被天下。作为新中国第一所纺织高等学府，东华大学立足纺织特色，始终与国家经济和社会发展紧密相连，以钱宝钧先生为代表的东华人，几十年如一日，将毕生精力献给了纺织教育事业，推进了纺织工业发展和科学技术进步。科研攻关了“高速纺”项目后，我国化纤产量大幅提升，让“布票时代”一去不复返；研制航天级高纯粘胶基碳纤维，为国家头号战略武器成功飞天提供了关键性的技术支持；舱内外航天服“暖体假人”、航天员尿收集装置、半刚性玻璃纤维网络材料、中国航天员专用服装系列化设计等科研成果，成功应用于“神舟”系列载人航天工程及“天宫一号”“天宫二号”……一代代东华人薪火相传、砥砺奋进，服务国家战略和区域经济社会发展。新一代东华学子传承和发扬东华精神，坚定科技报国的责任担当，一直在路上。

一、东华大学与纺织工业的发展

东华大学前身不同阶段的校名，都绕不开一个词，那就是“纺织”。纺纱织造，衣被天下，无论是纺织工业还是纺织教育，都是很有意义的事业，我们就先从“纺织”这个话题谈起。

（一）建国初期：“从无到有”，解决百姓穿衣问题

1. 新中国成立之初，纺织工业亟待发展

我国的纺织工业历史悠久，是旧中国最主要的工业部门。1949 年新中国成立以前，中国纺织工业在帝国主义和封建主义势力的双重压迫之下，技术落后、产能低下，带有深刻的半殖民地半封建社会的烙印。新中国成立初期，棉花和纺织品不仅

是军需和民用的重要物资，更是调节市场的主要砝码。而当时作为保障全国人民基本生活物资的基础工业部门，纺织工业正面临着极大的困境。一方面，经过连续战乱以及通货膨胀、经济崩溃等阶段，纺织工业受到了极大影响，工厂生产萎缩，普遍开工不足。1949 年，中国棉布总产量仅达到 1936 年水平的 62.2%。另一方面，帝国主义对中国实行封锁、禁运，国内棉花又因连年战乱产量不足，纺织工业原料严重缺乏。

百废待兴的新中国，生产是基本任务。面对战争创伤和财政经济困难，国家把纺织作为三大重点恢复的产业之一，并确立了其优先恢复和发展的地位。但是，仅仅把棉麻丝毛等天然纤维作为生产原料的纺织工业，远远不能解决新中国百姓的穿衣问题，当务之急只有发展自己的化学纤维工业，才能把穿衣问题从“粮棉争地”的历史性矛盾中真正抽离出来，找到一条解决问题的新路。

2. 发展要人才，人才靠教育

纺织工业要恢复生产加快发展，首先需要大量的技术人才，而旧中国的纺织教育实在难以担此重任。有关统计显示，1949 年全国接受高等教育的在校人数只有 11 万人，全国的工学院学生人数少之又少，每年的毕业生不足 1 万……党和政府认识到，国家发展离不开教育，发展经济必须要先发展教育。1950 年代初期，高校院系开始调整，这一轮院系调整主要是加强工科院校和单科性专门学院的建设，正是在这一时代背景下，党和政府决定建立华东纺织工学院（以下简称华纺）——东华大学的前身，这是新中国第一所纺织高等学府，专门培养纺织工业建设高级工程技术人才。1951 年的全国工学院院长会议以“培养工业建设人才和师资为重点，发展专门学院和专科学校，整顿和加强综合大学”为精神，揭开了 1952 年全国院系大调整的序幕。这一调整使工科院校得到了发展，也使高等学校在院系设置上基本符合国家建设的需要。

新中国成立之时，我国的化纤工业几乎一片空白。华东纺织工学院老院长钱宝钧先生早在 1950 年召开的全国化工会议上，就提出了迅速发展我国化学纤维工业的主张。因为，依靠天然纤维无法解决我国亿万人民的穿衣问题。同时，钱宝钧先生也意识到，要发展中国自己的化纤工业，必须教育先行。为此，他与当时国内化纤专家方柏容教授联名请示原纺织工业部领导，建议在华东纺织工学院创办新中国第一个化学纤维专业，并获得批准。化学纤维专业的设置，助推实现我国化纤产业化，缓解我国传统纺织工业原料匮乏、“粮棉争地”的问题。1954 年，化纤专业开始招生，1958 年培养出我国第一批化纤专业技术人员，他们去到全国各地的教育、科研、生产企业工作,有些直接充实到华纺的教师队伍中来,这届毕业生中有很多都成长为单位的骨干中坚力量。

(二) 改革开放初期:“从有到多”,布票一去不复返

1. 化纤产量低,穿衣需求难满足

1978 年,党的十一届三中全会后,我国的纺织工业迅即快速发展起来,对纺织原料特别是对化学纤维的需求大增。当时,我国的化纤生产技术还落后于国际先进水平,企业生产线上采用的常规纺丝速度低、生产能力弱、产量不高、品种少。1981 年全国化纤产量只有 52 万吨,远远不能满足消费者的需要。

2. 攻关“高速纺”,让布票一去不复返

“高速纺”是 20 世纪八九十年代化纤长丝领域的一项最新科学技术,它的确切名称是高速纺丝。为进一步提高化纤产量,更好地满足百姓需求,1978 年“涤纶长丝高速纺丝工艺与设备”被列为纺织工业部重点项目,学校在校内组织 80 多位教师进行集体科研,校外与上海机床厂等十几家企业联合攻关。1983 年,在人口比解放初翻一番的基础上,布匹的年个人分得量达到 19.4 米,是 1949 年的七倍。纺织品市场上,第一次从过去长期供应偏紧转变为供应比较充裕。随着我校高速纺丝技术在化纤工业的应用推广,使得我国化纤生产迅速提高。因此老百姓穿衣问题也终于得到解决,不仅穿暖,还可以在面料上自由选择。1983 年 12 月 1 日,我国政府发布通告:“从本日起全国临时免收布票、棉絮票,对棉布、棉絮敞开供应。1984 年不发布票。”从此,我国纺织品结束了限制供应的时代,纺织工业基本解决了全国人民“穿衣”问题。我们的老校长钱宝钧先生在全国取消布票的历史时刻,激动地写下“布券一去不复返,满街男女尽时装”的诗句。在老一辈东华人心里,“高速纺”这个难以忘怀的名词代表着学校曾经的辉煌。在这个名词背后,拥有的是国家科技进步二等奖、上海市科技进步一等奖、上海市首届科技博览会金奖、纺织工业部科技攻关先进集体等荣誉。

(三) 20 世纪八九十年代:“从多到精”,贡献国防军工

1. 遭国外技术封锁,战略武器研发遇阻

20 世纪 80 年代,我国头号战略武器洲际导弹面临最后两项久攻不克的技术难题。其中之一就是航天级高纯粘胶基碳纤维。作为洲际导弹弹头防热层的关键材料,航天级高纯粘胶基碳纤维的性能、品质直接关系到导弹飞行的质量及成败。因

其对原料和性能要求极高、制备技术极难，当时世界上只有美、苏两个超级大国掌握该技术，而且对我国实行严密禁运、技术封锁。难关攻不下，中国导弹就上不了天。

2. 一生只做碳纤维的东华教授

20 世纪 90 年代，在国家战略武器研发攻坚的关键时刻，我校材料学院潘鼎教授领衔的碳纤维项目组临危受命，采用当时国外弃用而国内仅有的棉浆基纤维素为原料，苦战四年，最终带领团队成功研制出集美、俄两国同类产品性能所长的航天级高纯粘胶基碳纤维，为国家头号战略武器成功飞天提供了关键性技术支持。这一研究不仅填补了国内空白，更让我国由此成为世界上第三个掌握该技术的国家，为国防现代化和经济发展作出重大贡献。这一项目于 2001 年入选教育部“中国高校十大科技进展”，2002 年获教育部提名国家科技进步一等奖，2003 年获国家科技进步二等奖。

（四）21 世纪以来：“从精到新”，聚焦国家民生

1. “东华智造”瞄准高端，接牢地气

有人说，21 世纪是创新的世纪，随着知识经济的到来，创新将更为广泛、更为深刻、更为迅速。国家只有不断创新，才能在激烈的国际竞争中始终处于领先的地位。把“中国制造”提升为“中国创造”，就是创新的体现。尽管我们身处的时代在不断变化，但学校服务国家战略的家国情怀始终没有改变。20 多年来，学校一直关注高性能纤维对国家战略项目的重要作用，为碳纤维、芳纶、高强高模聚乙烯、聚酰亚胺等多种高性能纤维的研发奠定基础。自我国正式宣布开启载人航天工程，我校先后完成航天级高纯粘胶基碳纤维、舱内外航天服“暖体假人”研制、航天员尿收集装置研制、半刚性太阳能电池帆板玻纤网格基板、中国航天员专用服装系列化设计等十余项科研成果，成功应用于国家头号战略武器研发、神舟系列载人航天工程及“天宫一号”“天宫二号”工程中。接下来，我给同学简单讲几个东华大学在航天科研领域的故事。

（1）张渭源教授与“神五”“神七”的不解之缘

服装与艺术设计学院张渭源教授师从大名鼎鼎的“特种服装之父”诺曼·郝勒斯（Norman Hollies），他带领团队进行舱内航天服、舱外航天服“暖体假人”的研制，为“神五”舱内航天服、“神七”舱外航天服测试提供了重要依据，其成果成功应用于航天服的设计中，为保障“神五”“神七”中国航天员圆满完成任务发挥了关键的支持保障作用。

（2）为航天器编织翅膀的纺织学教授

纺织学院陈南梁教授团队通过研发半刚性玻璃纤维网格材料，用纺织智造托举中国卫星飞天梦。2011年为“天宫一号”上天编织出完美的能源动力翅膀。2016年他和团队研发的星载天线金属网，又为推动卫星柔性天线关键产品的国产化发挥重要作用。

（3）“科技＋时尚”打造中国航天员新形象

在复杂的太空环境，航天员服装对于功能和品质的要求会更高，专用服装的研发设计要跨越纺织、服装、产品设计、材料等多个学科。为此，学校打造了一支横跨材料纺织服装全产业链的创新团队，负责研发设计包括航天员在轨工作生活的工作服、锻炼服、休闲服、失重防护服、睡具等，还有常服、任务训练服等地面任务服装在内的数十个种类的服饰。学校设计的“神舟十一号”航天服融入了中国特色时代元素，展现中国航天员作为中国梦的太空筑梦人和守护者的美好形象，受到人们赞赏。

2. 聚焦民生，现代纺织让生活更美好

21世纪，现代纺织也早已超越了传统概念的“纺纱”“织布”，而是集材料、能源、信息于一体，融会了产品、贸易、艺术及计算机等多方面知识的综合学科。纺织品功能也由遮体御寒拓展为医用纺织，在服务百姓的生活和健康方面，扮演着越来越重要的角色。比如，当人体的某一部分血管因病变或损坏而失去功能时，就需要进行血管移植。由于异体器官有强烈排异作用，来源少且价格昂贵，现代医学上的人造血管成为受患者欢迎的替代品。据统计，美国每年大约有55万例需要进行血管手术的病人，其中近8万人由于病变产生的疾病发生在小口径的血管里，无法进行手术，这一直是一个世界性的难题。我们学校纺织学院的王璐教授带领团队对小口径人造血管进行了深入研究，并取得进展。

3. 当时尚遇到创意，让“海派”绽放英伦

近年来，学校积极响应上海国际文化大都市、国际科创中心、国际时尚之都建设及国家“一带一路”倡议和“文化走出去战略”，让“纺织”变得更加时尚起来，形成了独具一格的“海派”特色纺织。东华大学设计学科团队将中华传统文化的旗袍设计作品带到英国，通过在爱丁堡国际艺术节这一全球历史最悠久、规模最大的艺术节上的展示，令全球的观众眼前一亮。这款“时尚”的旗袍是由我校60多位师生及相关的科技、服装、纺织企业历时近半年共同研发的成果，融合了很多高科技元素，展示了来自中国的前沿科技、上海的时尚流行以及中国大学的智慧力量。这次亮相，不仅展示了中华服饰文化和海派时尚流行趋势，更是东华大学纺织、材料、服装、设计等多学科融合发展、创新的成果。

二、东华学子的历史使命和成长成才

我经常思考，在当今社会急功近利的浮躁氛围下，我们的学生能否在大学阶段完成人生最重要的成长转变：从“习惯被安排”到学会主动担当，从被动学习到自主探究，从跟随别人到独立思考。因此，接下来我想着重谈一谈，今天的东华人如何成长成才。

（一）以家国情怀济天下，做一个“修德博雅”之才

“达则兼济天下，穷则独善其身。”这是中国知识分子对家国情怀和独立人格的追求。当今时代的东华人成长成才，也应该具有这样的情怀和担当。在风云变幻的国际社会和全球化潮流中，我们应该不被功利所诱惑、不被浮躁所鼓动，时刻有对民族传统文化美德的坚守，有以天下为己任的担当，简言之，就是做一个“修德博雅”之才。2017 年 8 月，在习近平总书记给第三届中国“互联网＋”大学生创新创业大赛“青年红色筑梦之旅”的大学生的回信中，他同样强调这一点，他说，祖国的青年一代有理想、有追求、有担当，实现中华民族伟大复兴就有源源不断的青春力量。青年一代要扎根中国大地了解国情民情，在创新创业中增长智慧才干，在艰苦奋斗中锤炼意志品质，在亿万人民为实现中国梦而进行的伟大奋斗中实现人生价值，用青春书写无愧于时代、无愧于历史的华彩篇章。

在我们的传统文化中，儒家也讲究家国情怀，比如大家非常熟悉的张载的一句话：为天地立心，为生民立命，为往圣继绝学，为万世开太平。这句话所表现的知识分子的襟怀、器识与宏愿，是对家国情怀和人文气质最全面而深刻的诠释，也可说是人类教育最高的向往，我们的老校长钱宝钧先生正是这句话的有力践行者。钱宝钧先生在留学英国时因抗战爆发而毅然回国，参与筹建华东纺织工学院，也就是我们东华大学的前身，他带领团队攻坚克难解决中国百姓的穿衣问题；在“文革”期间他也淡然面对不公，坚持科学研究，前瞻性地布局高性能纤维研究。钱先生有两子一女在美国，子女们想接父亲去美国安度晚年，但是钱先生始终热爱自己的故土，他说：“孩子们有他们自己的工作，而我的事业在中国。”于是，他依然如故，日复一日、年复一年，在学校的岗位上辛勤耕耘。可以说钱宝钧先生的一生都和整个中国的命运紧密相连，他传承了中华几千年文化中士大夫的优秀品质，总是把国家民族大义放在前面，把对祖国和民族的热爱深深地融入血脉。

当然，做一个“修德博雅”的东华人，注重德行的培养和内在品格的塑造是一方面，更重要的是在具体实践中深植家国情怀，把远大抱负和爱国信念落实到实际行动中，这也就是中华传统文化中强调的“知行合一”。20世纪60年代，十万上海知青奔赴新疆，把自己的青春献给了美丽的边疆大地，为新疆的发展作出了巨大的贡献。同样，2011年至今，七年如一日，我们东华大学的品牌实践活动“援疆团”，深入新疆基层纺织企业和棉花主产区开展智力援疆，助力新疆地区纺织服装产业优化升级，促进沪疆经济协同发展。我们已经有超过300名大学生、50多名教师参加了实践团，累计开设培训课程70余门，培训新疆纺织产业基层员工数千人。2018年，“援疆团”成员调研走访纺织服装企业200余家，撰写调研报告21份，并协助纤检局完成新疆全区纺织服装生产企业的整体调研报告，为国家制定促进新疆发展的相关政策提供重要参考。“援疆团”坚守七年而“不痒”，一届又一届的东华人坚守着内心的这份“执拗”，为新疆地区的纺织产业发展贡献了一分力量，将这份家国情怀深深地植入自己的血液中。

（二）把握好自身发展的定位，做一个“守正笃实”之才

所谓守正，就是要有主心骨。希望大家积攒和激发正能量，铸就守正、刚毅的主心骨，再来观察社会万象，制定人生规划。所谓笃实，就是要脚踏实地、坚忍不拔、埋头苦干，有一丝不苟、一步一个脚印的态度。“古之立大事者，不唯有超世之才，亦必有坚忍不拔之志。”说的就是这个道理。中国近代著名学者王国维在《人间词话》里提到人生三种境界，对今天的东华人成长成才来说很有借鉴意义。他写道：“古今之成大事业、大学问者，罔不经过三种之境界：‘昨夜西风凋碧树。独上高楼，望尽天涯路’此第一境也。‘衣带渐宽终不悔，为伊消得人憔悴’此第二境也。‘众里寻他千百度，蓦然回首，那人却在灯火阑珊处。’此第三境也。”我认为，这正是做一个“守正笃实”之才的三个层次。

1. 第一个层次：独上高楼，望尽天涯路

首先要找方向，立大志。志向是奋斗的原动力，也是要坚守的主心骨。人非生来就注定能不能干什么，能干什么，首先看志向。习近平总书记讲：“青少年要扣好人生第一粒扣子。”这第一粒扣子就是早立志向、有正确的价值观。从古至今大凡有成就作为的人，无一不是志向远大的人。年轻人应该立志干大事，而不是当大官、求大名、图大利；应该立志为国家、为人民、为社会多作贡献，而不是只顾个人、只顾小家、只顾亲友。有了这样的志向，就有了正确的人生航向，有了不竭的前进动力。当

然，有不少人会说，在大学里我很迷茫，还没有方向。很多同学在大学阶段或多或少会有迷茫感。意识到迷茫的学生，说明已经开始积极思考自己的人生道路，只是目前还没有明确的答案。但是大家要明白，只有明确了自己的志向，大学期间能够坚守这个主心骨，才可能不断认知自己，从而抓住宝贵的时间，找准自己前行的目标，积累前行的资本。

2. 第二个层次：衣带渐宽终不悔，为伊消得人憔悴

要登高望远，做到励志勤学、加强磨炼。大学是读书做学问的地方。大家正处于人生积累阶段，在求学期间需要像海绵吸水一样汲取知识。所谓“衣带渐宽终不悔，为伊消得人憔悴”用在做学问上，就是要对求知勤奋有恒、坚持不懈。每一年，我们都会评选东华大学的学生年度人物，这些同学就是大家身边刻苦钻研、好学上进的榜样。我印象比较深刻的是化工学院硕士研究生李鑫同学，他求学时候特别努力，克服了非常多的困难，在高规格 SCI 期刊上发表了 13 篇论文，申请发明专利 10 余项，这是相当了不起的成就，很多博士生都达不到这个标准。此外，他还利用自己所学投身新型创业，拥有自主知识产权近 20 项，他的污水处理方案年均可处理 20 个污水池塘，为环保事业作出了同龄人远远不可料想的巨大贡献。他励志勤学的事迹被《光明日报》《浙江日报》等多家媒体宣传报道，获得“中国大学生自强之星提名奖”等多项国家、省市、校级荣誉。李鑫同学可以做得到，我相信你们也能做到。

3. 第三个层次：众里寻他千百度，蓦然回首，那人却在灯火阑珊处

只有努力付出过，才能理解成功的喜悦和价值。人的一生不可能永远一帆风顺，总是要经历一道道坡坎。会面临困难和压力，也会收获成功和喜悦。在困难面前，很多人选择了放弃，就像爬山一样，你没有能够坚持到终点，没有登顶，你是无法体会站在最高处一览众山小的那种挑战自我、收获成功的喜悦的。当你蓦然回首的时候，回看自己攀登过的道路，到那时你就会明白你所坚持的意义。同样，学习也是一个攀登的过程，今天的大学校园里，大家身边有很多的诱惑，有的同学沉迷于游戏，有的同学沉迷于网络小说，白白浪费了人生最重要的时光，错失了登上山顶的最佳时机，也就无法像那些励志勤学的同学们一样收获“蓦然回首”的喜悦。举个很简单的例子，没有经历那种熬夜做实验，整理数据，写论文的痛苦和艰辛，你是无法体会到自己的研究成果发表在核心期刊上那种惊喜和快乐的。

（三）融汇科学精神与人文情怀，做一个“通识广达”之才

未来的社会，随着大数据、人工智能、量子科技、合成生物学等颠覆性科技的

发展，我们的生活将面临前所未有的改变。我们所在的世界，和平发展、合作共赢、文化互鉴将成为现实。正如习近平总书记在中国共产党成立95周年大会时所说的那样，各国间的联系更加紧密，日益结成人类命运共同体。这就对现代的大学生的综合素质提出了更高的要求，不仅要有科学精神，能够在跨专业、跨年级、跨年龄、跨兴趣的互学共进中，做到知识的宽广精深、层次嵌套；还要兼具人文情怀，在获得综合交叉知识的同时，形成应对变化的能力、涵育人文科学的素质、培养奉献家国的人格。也就是说，不仅仅要懂得科学探索和科学精神，还要去了解文史经典与文化传承；不仅有哲学智慧和批判性思维，还要学会对生命的关怀和敬畏。

在东华大学，有很多这样融合科学精神与人文情怀于一体的教师和学生，在这里，我想介绍我们的杰出校友，也是东华大学先进低维材料中心主任兼首席科学家程正迪教授。程先生原先毕业于华东师范大学，学的是数学专业，后来到东华工作，遇到老校长钱宝均先生，在钱先生的鼓励和帮助下，他开始接触材料科学，考取了钱先生的研究生。后来他又自学工程力学等学科，在钱先生的指导下留学美国，成为国际高分子物理学和材料学界的领军人物。有一次他在学校做讲座，用自己的亲身经历和人生感悟，与广大师生分享了为学为师之道——“立天地之正气，做儒雅之学问”。用程先生的话来说，大学的意义并不仅在于学习知识，它所能带给我们的也绝非仅仅是一纸文凭。我们做学问、做研究，也是人格塑造、意义建构和素质提升的成长成才过程，首先要做到“正气”，做一个大写的人，这样的人敢为人先，有读书人的气度和风骨，在学术道路上“走自己的路”，勇于做学术领路人而不是跟随者。其次，什么是“做儒雅之学问?”就是在求科学之真的同时，修人文之善。这跟中国的传统文化是分不开的，我们做学问也要懂得为人处世的道理，有读书人的气质和修养，有君子的谦谦之风。程正迪先生对科学精神的追求、对人文情怀的执着，影响了一大批的东华人，一直是我们学习和传承的榜样。

（四）以心怀世界的大视野求学，做一个“格局开阔”之才

在经济全球化和信息网络化的影响下，知识的传输不受国界限制。现在大家接收的信息冲击在深度、广度、速度与丰富程度上远超过去。你们有更多机会参与区域间和国际的交流学习，面临的选择范围从国内扩展到国外。早在20世纪初，李大钊先生就曾寄语青年：“为世界进文明，为人类造幸福，以青春之我，创建青春之人类。”这是说，青年人要有世界的眼光，心怀世界，有全球情怀。

近年来，随着我们国家“一带一路”倡议的提出，G20 国际峰会、金砖会议的召开，充分证明了中国综合国力和国际地位已位居世界前列，中国将在世界经济秩序的重构过程中获得更多的话语权。今天，谈到大学生的成长成才，我觉得非常重要的是要以心怀世界的大视野求学。这就需要你们关心国际形势，把握时代脉搏，努力成为具有国际视野、通晓国际规则的“格局开阔”之人。具备国际视野，不仅仅是掌握国际通用的语言，具备较强的外语及交流沟通技巧，更重要的是思维方式的转变，要有开放包容、博采众长的学习态度，掌握来自世界各民族的知识和资源，从而更好地实现自己的价值和目标。

近年来，不少同学入学后仅把考研、就业等个人问题作为自己的全部目标，这是远远不够的。在东华大学这样一所和国际教育接轨的高等学府，学生应该更具备国际化视野，积极思考如何能够融入国际环境中去，毕业后不仅要在国内发展，还能在国际大舞台上有所建树。你们的视野和格局将决定着你们的未来，在这一方面，学校已经为你们打开了通向世界的大门。在东华大学，你们有机会参加世界同步的研究，比如我们的纺织学、材料科学的理论研究就走在探求未知的最前沿；你们有机会师从像程正迪这样的国际顶尖的学者，站在巨人的肩膀上创新；你们在校期间也有很多海外游学、国外交流项目，有的学院还有合作办学的交换生项目。

你们将来的学识成就、学术影响、社会贡献是衡量东华大学办学水平的重要标准。所以，我鼓励大家，在科研上“走出去”，如果一所大学只是内部“近亲繁殖”，仅仅只是发表一些文章，是无法做成大格局的事情的。在全球化的时代，科研成果是世界性的，你不经常和国际的同行交流，你的研究层面就不够高，也就难以成为国际性的顶尖人才。这些就是我想跟大家分享的，心怀世界的大视野求学，做“格局开阔”之才的初衷。

今天能够跟大家在这里探讨“纺织工业发展与大学生的成长成才”，机会非常宝贵。我们一起回顾了纺织行业的发展，以及我们学校近 70 年来建设发展的历史，介绍了学校在国家战略、经济发展、人民生活等方面所付出的努力和贡献。同时，也给大家如何成长成才提出了我个人的一些建议。我想强调的是，个人的发展和成长是与国家的富强、民族的复兴紧密联系的，你们大多是“95 后”，部分同学已经是“00 后”，不仅处在人生的黄金时期，而且处在国家发展的黄金时期，你们的成长同国家的“两个一百年”奋斗目标的实现完全吻合。习近平总书记说：“今天，我们比历史上任何时期都更接近实现中华民族伟大复兴的光辉目标。”作为青年大学生，能够亲自参与这个伟大历史进程，实现几代中国人的夙愿，将是你们每个人的人生之大幸。大家要自觉把个人的理想追求融入国家和民族的事业中，勇做走在时代前列的奋进者、开拓者，书写无愧于时代的青春之歌和精彩人生。

第三章　人生成长与家国情怀

陈　革

导语： 天下之本在国，国之本在家，家之本在身。每个人的人生与成长，都与“家”和“国”密不可分，家国情怀是几千年来扎根在中华民族内心深处的精神支柱，古人讲“修身、齐家、治国、平天下”，现在我们讲社会主义核心价值观的国家、社会和个人三个层面，都是家国情怀的不同时代表征。人生的成长之树向上生长是一种规律，也是一种哲学的理念。大学生要善于换位思考，常怀仁爱之心，注重亲情和孝道，既要有扫天下之心的胸怀，又要有脚踏实地做好小事的态度，才能成为具有家国情怀、和谐发展的人。

一、人生的成长之树

(一) 成长之树

一棵树，有很多的枝丫。人的成长就像这棵树一样，是有轨迹的。我们的轨迹都是往上走的，高中阶段应该是在树的底部。大家在高中阶段的轨迹都是一样的，我们学一样的课程，甚至学一样的教材。高考后就到了大学阶段，选择不同的专业，就走了不同的学业路径，就像树开始分支了。大学毕业以后开始就业了，大家在不同的岗位从事不同的工作。再往上，就到了中老年，就是人生的顶峰。这就是我们人生的一个发展的轨迹。对一个人来说，你走的轨迹会面临很多的路口。由于你的选择不同，可能会往侧面走，也可能直着走，但是大多数的人都是在往上走，可能有少数的人是横着走，没有进步。这就是我们人生成长之树，大家都在成长。

人生的成长过程当中有很多的哲学的概念，比方说必然性或偶然性。必然性，就是我们始终是在成长，在不断地成熟。偶然性，就是由于我们在每个路口的选择不一样，它是偶然的，有内因、外因。成长是内因，但是由于外部的影响可能也会影响我们的轨迹，包括普遍联系、永恒发展的观点，还有矛盾的对立统一，我们在抉择的时候很纠结，这个时候就需要判断。

我们在各个阶段都会面临不同的选择，那么就需要规划。有小目标、大目标，一个个小目标实现了，加起来就实现了大目标。那怎样制定目标呢？站着够不到，跳起来能够得着的，这样的目标就比较合适。如果目标太高了，你够不着，可能就变成好高骛远了。但是如果目标太低，成长性又不好。这就是我们成长之树的一种规律和道理。

树，一定要有根基，所有的成长都离不开脚下的大地，我们每个人的发展也都离不开祖国大地。只有我们祖国大地比较开阔、比较肥沃，我们才能够成长得更好。

(二) 学涯和职业规划

在初中和高中的时候，我的理想是当大学老师。高考选专业的时候，我是自己选的专业，不是父母包办的，选择的是纺织机械。为什么选纺织机械呢？因为有限的人生阅历决定了我的选择。我生长在重庆市山区里的一个煤矿矿区，为了走出大山，我选择的时候就排除了地矿、土建、水利、测绘、武器、公安等专业。因为我想换一个环境，所以我依据的就是有限的生活阅历，而且当时的纺织业是我们国家的支柱产业，并且轻工业都在城市里面，至少在县城里面，所以我当时就选择了纺织机械。

青年人都很爱幻想，我也曾经想过当医生、白领，还想做公务员。为什么想当医生？我在高考那一年的春天得了皮肤病，从 3 月份开始全身发痒，到了 4 月份身上就开始长脓包，而且一直治不好，一直到高考结束才好。当时我经常要去医院打针、吃药，但一直治不好，可是高考一结束就好了。后来我自己判断这个皮肤病可能跟神经末梢有关系。那种经历让我觉得医生很重要，所以当时我的第一个志愿报的是第三军医大学，不过没有被录取。后来我也想做白领、公务员，和大家一样浮想联翩。我在中国纺织大学(东华大学前身)读研究生的时候也想改行去学服装工程，去学管理。因为学机械是比较苦的，而学服装偏艺术，学管理比较轻松。我还想学工业设计，是机械和艺术的结合。这些专业我都曾经心动过，但是最终还是没有选择。

再谈谈职业路径。我博士毕业以后有两个选择，一是去外企做白领，一是留校做教师。为什么我想到外企做白领呢？因为在博士期间，我在一个意大利公司兼职做销售工程师。如果我留校，收入只有前者的一半，但是后来我还是选择了自己的理想，那就是做老师，于是我就留在东华大学的机械学院。我们学院有两个系，一个机械工程系，还有一个工业设计系。因为我比较喜欢艺术，工业设计系的系主任就邀请我到工业设计系，这也符合我的特长。但院长告诉我说："你学的是纺织机械，你的本、硕、博都是纺织机械，我们国家现在缺这样的人才。"后来经过自己的思考，我确实学的就是这个专业，也考虑到学院缺这方面的师资，国家确实也缺纺织机械方面的研究型人才，最后我还是选择了继续做纺织机械，留在了机械系。之后还有一次机会，我到教育部借调一年半回来以后，管理学院的院长邀请我到管理学院正在建的物流工程专业。我犹豫了一下但还是没去，把自己的一个博士生推荐过去，现在那位博士生已经是东华大学管理学院物流系的一个学科带头人了。

职业选择有很多，但选择时要根据自己的特点，还要根据我们集体的需要、行业的需要、国家的需要，最终选择这样的路径，虽然我的内心可能更喜欢艺术。现如今我能够在研究领域里小有成就，在我们国家，包括在国际上的纺织机械领域里成为比较知名的专家，这就说明人生的规划是可以调整的，只要我们脚踏实地，只要我们具备一定的素质和能力，我们就能够适应不同的岗位。

做老师是我的理想，大家知道老师有一个最幸福的地方，就是有主动学习的动力，和学生共同成长。我们都在不断地学习，包括我在备课时也是在不断地学习、提炼。在准备过程中获得感悟，让我去思考，分享自己的观点，这就是老师的幸福。

再以我的孩子为例，谈谈学涯规划。我的孩子在清华大学读的本科和硕士，还担任清华大学的学生会副主席。高中文理分科时选择的理科，本科专业选择的是车辆工程。因为他喜欢汽车，而且汽车车辆工程属于机械工程下面的二级学科，正好又是我熟悉的领域，我可以指导他，所以他就报考了清华大学的车辆工程系。车辆工程全国最好的三所大学，有清华大学的汽车系，同济大学的汽车学院，还有吉林大学的汽车学院。他后来读硕士时选择了学金融。学经济的、金融的老师非常喜欢学理工科的学生，因为他们有非常扎实的数理基础和较为缜密的逻辑思维。在学校期间，他也是积极参加很多社会活动，上了四次《开讲啦》。

其实他也是面临了很多选择。比如他本科毕业以后有机会去西部支教，只要支教一年回来就可以到清华大学读研究生，专业随便选。本科毕业以后是否出国？是否硕博连读？如果读硕士还是读原来的专业？最终他都放弃了。首先，他觉得没有必要出国，因为现在我们国家正在高速发展。其次，虽然他的学业成绩在专业里面排前20%，可以硕博连读学汽车专业，但是他认为自己不适合做研究，所以他就换专业学了金融。讲起来好像挺轻松的，其实也经过了艰苦的时光。他大三的时候我去清华大学看他，那个时候他面临考试，但学生会里面工作又非常多，他的压力非常大。然而我又没办法为他做些什么，最后就在校园里面找了一个咖啡馆，我默默地陪他坐了一个小时,什么话也没说。这个时候就是那句话"陪伴就是最好的关爱"。

他现在就职于上海的汇添富基金公司,就在陆家嘴的震旦大厦里面上班。其实当时他的选择也很多,拿了八个录用函,两个在上海,六个在北京。金融机构的总部基本上都在北京,证监会、银监会,还有四大银行的总部都在北京。如果他在北京发展会更好,他们班的同学80%都在北京发展。那么为什么又选择上海了呢?其实还是因为我们家在上海,他是独生子,想陪伴父母。最终他选择回到上海跟我们在一起,因为家庭的因素影响了他的职业选择。

将我和我孩子的学涯和职业路径进行比较。我的路径,本硕博一直都是往前走的,没有换专业,所以说我的路径应该就是树的主干,一直往上走,走到头。但是我的孩子他走到大学阶段以后就换专业了,就往旁边走了。虽然往旁边走,但是也是在往上走。对于我们每个人来说,虽然学涯和职业的选择路径不同,但是只要积极向上,脚踏实地,都会不断地成长。我们人生的道路可以走弯路,如果我们把弯路走直那是聪明的。如果我们把直路走弯也没问题的,我们只是多看了几道风景。脚踏实地走是最可靠的,但我们在走的过程中也可以跑,可以急行,可以缓步,可以休息,但是一定不能停止,停止的话就不会成长。

二、人生成长中的家国情怀

家国情怀的内涵是什么?如何培养家国情怀?下面我就这两个问题,与大家进行交流。

(一) 换位思考

有一种人生的方法论叫作"换位思考"。什么是"换位思考"?很多人认为好像就是站在对方的角度来思考问题,其实这还是比较片面的。"换位思考"是一个词,但是它蕴含了一些理论,包括对立统一的理论,还有心理学、方法论,它是这些理论的应用。"换位思考"决定了一个人的格局、视野、高度、广度、站位。真正的"换位思考"应该是要从多个角度、多个维度看问题,全面深化地客观分析问题,做出合理的判断,包括决策、谈判、沟通、处事、利益分配等。生活中具有换位思考能力的人有这样的特征:看问题客观全面,有独立的见解,有较强的判断能力、沟通能力,有和谐的人际关系,为人通情达理,人缘都比较好。一个不会换位思考的人看问题会比较偏激,或者比较自我,甚至是自私的。面临某些事情时,每个人都要去"换位思考",

这在我们的成长过程当中很重要。

(二) 故乡之恋

家国情怀里蕴含着故乡之恋。我在 18 岁之前生活在重庆下面的一个县。川黔线，是从四川到贵阳的铁路干线，我就是在县内的一条河边长大的。虽然我们现在已经搬到重庆市了，但是我的父亲和外婆都埋葬在那里，所以每年都会回去扫墓，每次都会对这片生长的故土充满了依恋。在很长一段时间我都用那里的照片作为我的微信头像。这就是我的故乡之恋。

(三) 留学经历

留学的经历会使你有一种国家的观念，因为你不在自己的国土上。

1. 留学生的“饭局”

我在美国读博士后的时候，我们这些留学生经常聚到一起做饭。重庆人比较好吃，比较讲究吃，所以我做饭的手艺比较好。大家通过在一块儿吃饭，沟通信息，互相出主意，在学习上互相帮忙。

2. 义务理发

在美国理发非常贵，一般要 40—60 美元，折算一下人民币是多少钱？按当时汇率比 1∶8，就是 300 多元人民币。那个时候大家都舍不得去理发，有的等头发很长了再去理。我有理发的手艺，因为我们家是四兄弟，我有两个哥哥和一个弟弟，从初中到高中我们都互相理发，到了大学后我也给我们班里的同学理发。到了美国留学以后又“重操旧业”，我花 20 美元在沃尔玛买了一套理发工具，每到周末就在我们的群邮箱里面发布可以理发的地点，然后几个同学就过来让我给他们理发。理发是一种非常好的沟通方式，一边理发一边聊天，而且来理发的同学还非常享受。通过理发，我结识了很多的留学生。我们互帮互助，共同进步。

3. 参与、组织留学生集体活动

我们还会参与留学生的集体活动。在亚特兰大有四所非常好的大学，埃默里大学、佐治亚大学、佐治亚州立大学，还有我所在的佐治亚理工学院。四所大学都会举行排球联赛，我是我们佐治亚理工学院的队长，要组织大家打比赛，偶尔还会一块儿去旅游，这增进了留学生之间的感情。

4. 关注国内时事

我们非常关注国内的时事，那个时候天天上网看国内的新闻。身为游子在国外时对祖国非常思念，我们这群留学生90%都回国了。

（四）注重亲情

人在家里呈现的状态是最真实的，对家的态度体现了最真实的人品，尤其是男人。成功以后如果能够善待家人、注重亲情，必将魅力无穷。家人的关系同样需要经营，他们就是你最好的修身对象。今年春节我们全家一块儿去三亚旅游，我儿子时时刻刻都拉着姥姥的手，我在后面走，就感觉非常欣慰。从这种细节里面能够体现出我们的家庭观念。

另外，我、我夫人和我儿子有一个家庭微信群。现在我们三个人在不同的地方，我在新疆，我夫人在松江，我儿子在陆家嘴，平时都不在一起。但是我们有这样一个群以后就像天天都在一起，什么事情都在群里面分享，有什么事情都在群里面商量。由于通信手段的丰富使得我们紧紧连在一起。我们还有两个家庭群，一个是我的夫人她们那个大家庭的群，还有我自己家的大家庭的群，就像平时和自己的亲人都在一起。

再讲下家内的思政工作。大家觉得太夸张了吧，家内还有思政工作，其实这是真实的。例如我跟我夫人有时候争吵，都只是为一些鸡毛蒜皮的事，情绪控制不住，这个时候就需要我儿子出面了。我记得有一次，那时儿子在清华大学读书，要返校的时候，我夫人就去超市买了一大堆吃的东西，然后我一看就火了，我说："北京缺这些东西吗？不是给儿子增加包袱了吗？你这种观念要改变。"结果我的夫人马上就失控了。因为那个时候儿子要走了，她心里不舍得，买的那堆东西其实寄托了她对儿子的依依不舍，但是我把她否定了，于是便跟我争吵起来。我也想不通："现在什么观念，北京又不缺这些东西，你买那么多东西干吗？"一来一往，结果越吵越厉害。我儿子那时一下子就把我拉到卧室，关上门进行思政工作："你看你，你还是干部，看你刚才那种表现。都成年人了，这只是习惯不同又不是原则问题，你就不要在那儿纠结了。"儿子一说，我觉得很有道理，马上就熄火了。这其实就是一个家庭的思政。

还有亲戚间的相互帮扶。我们家的亲戚有很多，如有困难，我们会提供各个方面的帮扶。有的人就很冷漠，自己发达了就不理人这是万万不可的。"齐家"就是家族要齐心，大家齐心合力，相互帮扶，这样这个家才会兴旺。

父母也要给孩子一定的空间。北京大学有一个学生化名王猛，他拉黑父母，12年不见面，而且写了15 000字的控诉书。他控诉父母什么？他很反感他父母的一些言行。小时候他不会剥鸡蛋皮，遭到同学们和亲戚的嘲笑，但是他的父母却说这有什么大不了的;从小到大他的衣服都是父母包办的。这就是他的控诉书里面列举的一些事例。我们怎么来分析呢？其实父母都是好心,都希望自己的孩子成才,按照自己的方式来塑造自己心目中优秀完美的孩子,但是无意中伤害了孩子,因为他们不知道孩子的感受。但是父母是无意的,不知者不为过。王猛在有意识的情况下做出的激烈处理方式非常不好,他不接受不完美的父母,也无法接纳自己,他是在逃避,而不是解决问题,所以这种极端的方式是不可取的。只有接纳彼此的不完美才是和谐关系的开始。

我举一个我孩子的例子。我记得在 2007 年,我参加我们东华大学的教职工的疗休养,到雁荡山去休养五天。那个时候我儿子上初中,我就把儿子一个人放在家里,然后跟同事们一块儿去雁荡山休养去了。同事们听到以后说我们真狠心,把自己的孩子一个人放在家里面简直不可思议。但是事实上,结果非常好。儿子在我们出去的那五天跑到复旦大学去见了我的一个朋友。那个时候他对复旦充满崇拜,一心想考复旦。我那个朋友接待了他,带他到复旦的校园转了转。那几天他还把家里打扫得干干净净的,把他们那个年级的同学都请到家里来聚会,聚会结束后把屋子收拾得非常干净。所以有时候要给孩子一定的空间,当然首先还是要考虑这个孩子是否让人放心。

(五) 仁爱之心

如何对待学生？作为老师我一直在思考这个问题。比如说我们上课对学生的要求该严还是松？有的老师可能怕学生给自己评教打分太低就“放水”,删减掉一部分讲课内容,作业也不严格要求。我的观点是在教学过程当中一定要严,包括对作业的要求一定要严格,考试的时候可以稍微松一点,不给学生太大压力,最终目标是要让学生学到知识、学到方法。

如何对待新进教师？学院的领导给新进教师指路可能对他们后面的职业发展是非常有用的。

如何对待后勤人员？见到他们寒暄一下,聊聊天,这是对人的一种尊重。

如何体恤门卫？我下班回家可以走两个门,一个是东门,一个是北门。出校门开车需要刷一卡通,如果走东门,门卫要走的路就很长,下一个台阶拿卡,然后刷卡,递给我再走回去。但是如果我走北门,门卫跨两步就可以。从哪个门走对我来说其实都是一样的,所以我尽可能走北门,这样门卫的路径最短,相对轻松一点,可能这些细节就是仁义之心。

如何对待营销人员？如果有人敲你的门来推销东西，可能很多人就是态度粗鲁地把他们训出去。但是换位思考一下，如果我是营销人员，我是一种什么心理？是忐忑不安吧。所以有了换位思考以后，对待营销人员一定要尊重。哪怕他打扰了我，我也要非常礼貌地回绝，肯定不能表现得很粗鲁，这就是仁义之心。

如何看待挤电梯现象？网上有一些照片，很多人从地铁站出来去挤电梯，这边的楼道都是空的，有人因此说中国人懒惰。但是我们换位思考一下，如果我也是挤电梯的人群中的一员，为什么我会挤电梯？是不是因为我们太疲惫，下班以后累得不想走楼梯了才去挤？这样一想，结论就会不一样。带歧视性的眼光看问题，结论完全不一样。中国人大多是勤劳的，正是因为我们中国人的拼搏，国家才能够快速发展。为什么现在西方被中国追赶上了？就是因为他们太休闲了，一到下班时间就关门，也不会加班。中国的发展有很多因素就是我们加班干出来的，劳动创造价值。

（六）注重同学之情

李培根，我们称他为“根叔”，是我们东华的校友，他毕业于纺织工学院机械系，还是一个工农兵大学生，后来他做了华中科技大学的校长，是中国工程院院士。根叔在华中科技大学的毕业典礼上有很多经典的语录，他的语录充满了人文情怀。根叔经常回到东华大学，2011 年我们 60 周年校庆时他作为校友回到母校，当时我是机械学院的院长，陪他在学院参观。他说，论学术水平他在华中科技大学排不到前面，因为华中科技大学有很多的院士，而且学术水平比他高的大有人在；如果要论沟通协调能力，他是华中科技大学最好的，所以他做了校长。当时李培根委婉拒绝了我们学校官方的宴请，他自己邀请了当时在华东纺织工学院的本科同学聚会。他的同学大多数都已经退休了，而那个时候他是校长、院士，如果从功利的观点来说这样的社交没有什么利用的价值，但是他非常注重同学情，把大家召集起来，这就是情怀。

三、一屋不扫何以扫天下

小事都做不了怎么去做大事呢。不可好高骛远，应该脚踏实地，走好每一步，远方自然延伸入眼。要从小事开始，注重细节。但如果我们只做局部的小事，没有理想，那么也是不可取的。所以最好的办法是什么？就是扫屋子的时候要胸怀天下，要带着天下的情怀踏踏实实地做事。

大家知道席卷日本的一个生活哲理叫扫除力，你生活居住的环境就是你的人生格局，一个人对待房间的态度就是他对待生活的态度，对待生活的态度就决定了做事的态度。幸福感很强的成功人士往往居家环境干净整洁，不幸福的人通常生活在凌乱肮脏之中。家是修身养性之地，家的环境反映主人的品位和修养。天人合一，外界环境和居住生活在其中的人是息息相关的。有这样一个案例，有一个女孩失恋了，整天以泪洗面，但是当她看到《扫除力》后，立刻去整理自己的衣橱，当她把衣橱里那 14 袋垃圾丢掉，密不透风的衣橱恢复整洁的时候，她抑郁的心情似乎明快了许多。这种感觉我想很多人都有，当你打扫卫生越来越干净的时候，你的心情会越来越好，所以大家以后遇到苦闷的时候都可以去做卫生。

刚去新疆的时候，我办公室的墙是白的，办公桌上也就是一些办公用具，其他什么都没有。后来我想要在这儿工作三年，一定要把办公室好好布置一下。所以到新疆后的第一周我就去商店、批发市场买画框、花草，把自己的办公室布置起来。我在新疆的家，房间不大，墙上也是什么都没有。我买了一些画框，又买了好多花，把自己的家布置起来，卧室的钟表都是自己配的，墙上挂的一些照片是我自己的摄影作品。我养的花有真花有假花，挂在玻璃门上的是假花，桌子上的是真花。这些都是我自己买来布置的。

哈佛商学院的一个研究发现，一个成功的企业往往窗明几净，一个濒临破产的企业一定有肮脏的角落，一个单位的卫生间的状况反映该单位的管理水平。我当时到一个企业去跟他们谈合作，他们就谈到了当时国外的公司，包括德国公司到中国找一些民营企业合作，他们来考察我国企业的管理水平，有一个环节就是要去看他们的卫生间。如果这个卫生间的卫生条件非常好，就说明管理水平好。

再看看这个故事，一家企业衰败以后他的总裁就天天在这个破旧的厂房里面打扫，在打扫的过程当中悟出了管理企业的一些理念，后来这个公司又蓬勃发展起来。刚才说过"扫天下"，我们还可以"扫扫"自己的电脑，看看电脑桌面，有的桌面非常凌乱，有的井井有条，这其实也反映了一个人的管理水平。

哈佛大学的一个研究结论证明，家务劳动能培养孩子的动手技能、认知能力和责任感。爱干家务的孩子和不爱干家务的孩子相比，成年后的就业率为 15∶1，犯罪率是 1∶10。懒惰的孩子长大以后大多数自己谋生能力差，工作成就平平。

第四章　大学之路与人生感悟[①]

程正迪

导语：一个好的大学，一个优秀的大学，并不是因为有好的校园，有漂亮的大楼，一个真正有深刻内涵的大学，是有优秀的教师，有优秀的学生。一名教师向社会的交代不是发表了几篇好文章，而是培养了多少好学生，好的教师会针对不同学生特点因材施教。青年学生要懂得自强不息、天道酬勤的道理，明白“创新”需要经年累月的积累，不可能一蹴而就。所谓大师，不仅要对学科发展和技术进步的趋势具有深刻了解，更要以敏锐的洞察力和远见卓识，在影响学科领域的同时影响这个世界。一名真正的知识分子要立天地之正气、做儒雅之学问；一个真正的中国人要自强不息、厚德载物。

我在中国生活了30多年，在美国生活了30多年。我在上海生，在上海长，在上海中学读高一的时候遇到“文化大革命”，下乡在黑龙江当了五年知青。除了“上山下乡”

程正迪(中)在国际学术委员会第二次会议

① 徐瑞哲：《口述看这位很儒家、很上海的美国院士，如何做学问带学生？》，《上观新闻》2017年7月5日。

程正迪(中)在中心国际学术委员会第二次会议上

的生活，其他时间大多在大学，或学习，或教学，或科研，我的人生之路也是大学之路。

一、在美国如何走上了就学从教之路
——太太说我像个书呆子，平安夜感恩节在实验室和妻女过

到黑龙江做了五年农民。那段生活很坎坷，可是如果你问我愿不愿意再重新走一遍，我的回答是我愿意。因为在黑龙江的坎坷生活使我认识到怎么样做人，使我认识到中国的真实社会和人民的生活，使我认识到自己的责任，这是一个非常有意义的教育过程。

我去黑龙江的时候，我父亲在被审查，他托人给我带了一箱书，代数、几何、化学、物理都在里面，给我捎了一句话："你今天有钱，明天就可以没有，但是这箱书你读下去以后就在你脑子里永远抢不走。"那个时候我 16 岁，你们跟我比，现在的情况要好得多了吧？

我再来告诉大家我怎么从一个学数学的变成一个化学博士，在这条路上我花了非常多的力气。1977 年，我从华东师大毕业以后被分配到华东纺织工学院（下称华纺，就是现在的东华大学）做数学老师。我父亲是个电机工程师，他跟我说，用数学做点对老百姓生活有用的事情好不好？我于是就想到华纺，有许多老师搞化学纤维

研究，大家知道高分子材料现在是三大类，橡胶、塑料、纤维。搞纤维跟老百姓生活很有关系，而且华纺的老师在这方面的科研很有名，所以我说我也希望去研究纤维，这可能对大家有点用。

后来，我去见了当时的校长钱宝钧老师，就是我后来的导师。钱先生看着我说，你是学数学出身的，学数学的学生做物理、做化学、做化工应该都没有问题。然后他就给了我两本书，一本书是高分子物理，一本书是高分子化学。我看了这两本书后，发现什么也看不懂，那怎么办？我下定决心，这一年里面我要修完这两门课，看懂这两本书，所以礼拜六和礼拜天我都住在学校里从来不回去。我从书的第一页看起，习题从第一道做起，半年高分子化学，再半年高分子物理，当年就把这两门课啃了下来。

那个时候我正好和我太太谈恋爱，我太太老是抱怨："每次约你，你都不出来，你都在看书，像个书呆子。"那怎么办呢？我只好写一首《满江红》送给她，一方面表达我的志向，另一方面也表达我对她的追求。这首《满江红》现在她还保存在她的书架里，她说："你看看那时候你还写《满江红》给我，对我多好呀。"经过整整一年的努力，我考上了高分子纤维的硕士研究生，成为"文革"以后的第一届硕士生。

之后我又申请到了伦斯勒理工学院化学系的奖学金去读博士。我在美国没有亲戚和熟人，到了美国口袋里只有一张飞机票和32块美金，因为当时人民币换美金是有限制的。出机场的时候，有个服务生要帮我搬行李，你知道我对他怎么说吗？我说对不起，我连5块钱的小费都付不起。那位服务生当时就用非常离奇的目光看我。我到了国外之后一看化学就呆了，在华纺读书的时候因为是化工和高分子化学物理，数学和物理的东西比较多，所以我还能对付。跑到化学系又要学四大化学，无机、有机、物化和分析化学。特别是有机化学搞得我焦头烂额，我没有基础，我的有机化学完全是到美国以后学的。最初我只能靠死记硬背，把一学期所有老师讲课的内容全部背在脑子里，去考有机化学考试，考个A。考出来以后那位老师把我叫到办公室，他说"You are a born chemist（你是个天生化学家）"。我跟他讲，实在对不起，你要求的东西我是背在脑子里，我考完试，跨出门都忘了，所以他就跟我苦笑。但是后来我在化学系经过了很艰苦的努力成了一个好学生，我的绩点GPA是班上最高的。回头看这段路是非常非常艰苦的，也需要极大的勇气和毅力，但是如果你要我再走一遍，我还是会走。

我走过了近40年的学术生涯，大家都说程正迪教授发表了500多篇文章，做了近千次的学术演讲和报告。有人问，他写这么多文章读那么多书，他还有没有他自己的生活？我可以告诉大家，我付出的代价是过去这么多年来没有礼拜六，没有礼拜天，平安夜的时候我常常在办公室里，感恩节的时候我也在办公室里。有几个平安夜和感恩节我和我的太太、女儿是在实验室里度过的。

我最后一次进电影院是近 20 年前，那个时候我女儿 16 岁，她生日那天拿到了驾驶执照，非常高兴。她希望我陪她看电影，我说好吧，我陪你去。我们俩到电影院看了一场动画片《花木兰》，这场电影我记忆非常深刻，这也是我最后一次进电影院。

那大家就说你几乎不看电视，也不上网，你就像个书呆子。现在想想也有点呆，生活确实有点枯燥无味，但是我有一个好太太、一个好女儿，她们非常了解我，非常支持我。其实我自己也有另外一面，我的兴趣爱好也很广泛，喜欢写毛笔字，喜欢画中国画，喜欢篆刻图章，小提琴也拉得还行，对古典音乐也懂点，平时还写几首歪诗，吟几首歪词，喜欢收集古玩，稍能鉴定古董瓷器，我曾经也是华东师大和华纺的排球队队长，还是这两个学校的羽毛球队队员。我的羽毛球双打在上海大学生比赛中还得过名次。

上海是生我养我的家乡，我清楚记得 1992 年初回上海的感觉，当飞机缓缓降落的时候，我非常激动，因为从 1981 年出国到 1992 年回国，这 11 年当中我花了极大努力学英文，去社交，千方百计汲取西方社会科技文明。可是当飞机降落的时候，我是泪流满面，失声痛哭，从那一刹那开始，我发现我的文化之根还是在中国。

程正迪(中)在科学沙龙访谈中

二、在美国怎么带教中国学生
——我已带了85个博士，但中国的留学生以后会慢慢减少

作为高分子物理学家，我在阿克隆大学（University of Akron）高分子科学与工程学院院长任上，使它成为美国最好的高分子学科，并牵头创建美国国家高分子创新中心。

关于学生，至今我已带了85个博士、40多个硕士，以及60多个博士后。在我走的这条路上，对自己影响最大的是“自强不息，厚德载物”这八个字。这两句话从《易经》当中来，第一句是“天行健，君子以自强不息”；第二句是“地势坤，君子以厚德载物”。而学生毕业，我就常叮嘱他们要“立天地之正气，做儒雅之学问”。“立天地之正气”，源自北宋张载的“横渠四句”：为天地立心，为生民立命，为往圣继绝学，为万世开太平。

我有一个学生是从中国科技大学来的，来的时候21岁，年纪很轻。第一次开组会时我让他介绍一下自己，他是1973年生的，可是太紧张了，跟大家说成是1937年生的，我到现在还取笑他是1937年生的。我后来干脆告诉他，要真正培养自己的表达能力和领导能力，这非常重要。我在我的每一次组会上都会让学生准备1小时演讲，从PPT开始，要做得漂漂亮亮，稍微有点问题所有的学生就开始攻击你，把你搞得狼狈不堪，这样反复几次，几年以后你的表达能力就大大提高了。

其实这个学生几年之后就变得非常成功，现在他已经是美国一个非常好的大学里的正教授，也是一个最重要的高分子杂志的编委和美国物理学会的会士。我看到他的时候还在跟他开玩笑，1937年生。对我们老师来讲，看到学生的成长是最高兴的事情。

那位学生曾经告诉我，他在安徽的小县城里出生，回想过去十多年来走过的路，从一个普通留学生到有名望的教授，变化实在很大。其实他是怎么找到我的呢？真的很有缘分，当时我并不认识他，他那个时候在合肥打电话给我，打什么电话呢？打的是要我付钱的电话，后来我才知道这个电话收费是最高的。

他跟我聊，起初聊得挺高兴，聊了两个小时，后来一看400多块美金没有了。后来他非常执着，每个礼拜打电话给我，打到后来我不行了，我就跟他说你别打了，我收你就是了。5月份我访问中国，告诉他到上海来见我，他到上海来之后，我们谈了大半天，谈得很高兴。他说，我很优秀所以你收了我，给了我奖学金，对吧？我说不

是，是你打电话打出来的。我说你知道我花了多少钱？他说几十块钱吧，我说1 600块，你再打下去的话我就要破产了。正是这种非常执着的精神，体现了一个学生的重要品质，执着是非常重要的。

我告诉大家一个统计数字，美国高中生毕业以后进大学的学生里面主修科学与工程的占大约不到20%，而中国占大于50%。这个百分比的不同，实际上反映了美国人经济观和生活观，与中国的一个巨大不同。

美国社会一直存在着向金钱看的趋势，多年来对美国造成了极大的困扰。大家知道80后、90后一些绝顶聪明的人都跑到华尔街做金融，炒房地产，都去赚钱去了。2008年一个非常大的金融危机把这些人重新抛到了街头，失去了工作，这些人又得重新再学习。可是正是因为这20%和50%的不同，为许许多多的外国留学生在美国找到有关科学与工程的工作创造了条件，为什么呢？因为美国需要这些人，自己的孩子不愿意读，所以许许多多留学生毕业以后就填补这个空白。

大家知道，二次世界大战以后直到20世纪50年代，美国留学生主要来源于日本，60年代和70年代主要留学生来源是中国台湾，80年代和90年代留学生主要来源于韩国，然后是中国大陆。现在你看一下美国大学里还有没有日本留学生？有没有中国台湾留学生，有没有韩国留学生呢？现在都是寥寥无几，几乎没有了。不过在我组里还有一个中国台湾的学生，他们有非常明确的目标，到我组里来是为了要回中国台湾做教授，因为高分子物理的教授很多都希望到我组里来得个博士学位。只有一个国家，60年来留学生源源不断，这个国家是哪个？印度。源源不断有留学生来到美国，本身就反映了这个国家的问题。

所以我对中国经久不衰的留学市场深感忧虑。我曾经跟我学院里的教授讲过，请大家准备好，中国的留学生会慢慢减少以至于完全消失，以后国外的留学生可能要到非洲去找，因为中国留学生没有人来了，我这个话可能说得稍微早了一点。

以往中国的留学生到我组里基本都留在美国了，现在留学生我问他们将来怎么办，他们都说要回中国去。我举一个例子，有一个学生到我这里，他是北大博士生，到我这里做博士后，做了五年。

他是非常聪明的学生，我每一年都跟他讲，如果你愿意我可以为你申请绿卡，如果你愿意回国我也支持你，这是你自己的决定。每年我问他相同的话，五年来他都跟我说不要绿卡。他现在回到了中国，在中国一个大学当教授，所以对这样的学生我是很钦佩的。在我85个已经毕业的博士学生当中，40个是从中国大陆来的，他们大部分都陆续回来了，这些学生回来立志做科学，有探索自然和回报祖国的精神。

科学沙龙师生合影

三、在美国怎么做学术带头人
——评价老师用公式两分钟就算得出，我却花一个月仔细看他们论文

一个好的大学，一个优秀的大学，并不是因为有好的校园，有漂亮的大楼，一个真正有深刻内涵的大学，是有优秀的老师，有优秀的学生。

大家如果到我任教过的阿克隆大学网站上看看，可以看到我们的学院是一幢玻璃大楼，可是我跟教授们讲，大家请注意，这一幢漂亮的大楼并不代表我们的高分子是非常出色的。为什么呢？如果没有在这里的学生和老师，大楼明天就可以变成一个凯悦酒店。但正是因为我们有了优秀的学生和老师，这里才成为世界著名的高分子学院。

在美国，当你读完博士做完两年甚至三年博士后以后，你去做助理教授，做了四五年然后表现突出才能当副教授，再过四五年才能当教授，所以在 10 年到 20 年这段时间里，你拼命努力，学生也非常努力。我前三年当助理教授的作息时间表是什么呢？每天早晨 10 点钟到学校，干到第二天早晨 5 点钟回家，10 点钟再去学校。三年，年年如此，天天如此，这样才干出我现在的成绩。

我知道很多老师身上有压力，要发文章，要发影响因子高的文章，压力很大，因为老师也要被评估。影响因子是美国一个曾经名不见经传的私人企业去搞出来的，刚刚开始的目的是什么？是要把各个学科期刊分分类，然后看看各个学科的期刊办得好不好，用心是好的，但是结果被简单地量化，成为评价的指标。其实光用影响因子来评估是非常不严肃的，对人的评价需要最严肃的过程，你不能用数字给每个人评价。

举一个例子，我当阿克隆大学高分子院长时，美国老师的工资是我决定的，我可以决定老师工资今年涨多少，比如张三是5％，李四是7％，王二是6％，那你怎么做呢？大家过去的做法就是按公式算，我当了院长后我说我不做这个事情，每个老师把你们这一年发表的文章统统给我拷贝过来，你要知道阿克隆这三十多个教授一年发表的文章差不多在300篇左右，我要花一个多月时间把这300篇文章全看了，为什么呢？在所谓的好杂志上也有烂文章，在所谓的烂杂志上也有好文章。

我给大家举一个例子，一位著名的诺贝尔物理学奖得主在他得诺贝尔奖之前从来没有在物理学界公认的某一个好期刊上发任何一篇文章。所以我花时间去给每个人做了评价，给每个人加了工资，你如果用公式算一算，两秒钟就可以算出来，但是我花了一个月才把事情解决了，这样解决我觉得心里踏实，我觉得我对得起我的同事，因为我加的工资都是实事求是的，大家可以检验。我们做校长、副校长、院长甚至系主任的，多花一点力气把事情做得公平一点、公正一点，这样一来我觉得事情反而会做得更好。

研究生教育其实是一种精英教育。不要以为在美国拿到博士的就了不得，从统计学的概念讲，我认为，美国平均来说八个博士生有一个是很好的，剩下七个大概都是比较一般的。为什么呢？第一是老师，老师要引你进门，如果老师自己都不知道门在哪里，怎么把学生引进去？第二是学生领进门之后要自己悟，这个比例大概是八比一，就一个是好的，剩下七个要么没有进门，要么进了门就躺下来不干了。

所以学生只有很积极的学习态度不够，老师也很重要。我曾在《科学时报》上有一篇谈话，当时来访问我的是《科学时报》的主编，访问的题目叫《教授工作是本良心账》，结果这篇文章发表后收到了一些抱怨，说我把老师都批评了。我说不是的，我是在说我自己的感受，并不是批评别人。

我曾经和我的教授们都说过，你准备两分钟去上课是去上课，你准备两个小时去上课也是上课，你准备二十个小时再去上课也是上课，学生知道吗？不知道，只有你心里明白你对不对得起学生，只有你心里明白你是不是尽你的全力教学生，这难道不是一本良心账吗？这个别人不知道，但是你心里一定知道。大家可以算一算，如果每一个老师只传承80％给学生，那么四代人之后，学生能够接收到的，只是0.8的四次方，几乎就是没有了。

我在曾经和一位大学的行政负责人谈起他的大学办得好不好，我说不知道。但我想在老师下班时间，在校门口看看。如果每个老师走出来像知识分子，那么你这个学校可能办得很好；如果你的老师走出来都像商人，表明你的学校好像有问题；如果你的老师走出来都像官员，那你这个学校可能没得救了。当然这个太绝对，太简单了一点，但大家想想，是否有点道理？

大家说你当选美国工程院的院士了，说你是一个“大牛”。我起初以为我属牛的，所以叫“大牛”，其实“大牛”是讲你很厉害。我说我不厉害，我不是个聪明人，比我聪明的人世界上成千上万，我只不过是笨鸟先飞，拼命努力，拼命花时间做成事。

还有很多人会问我，在美国有钱有名有好条件，为何还要答应母校邀请回东华大学，迎难而上创办先进低维材料中心？动力何在？是因为一直记着自己是一名老师。教师向社会交代的不是发表了几篇好文章，而是培养了多少好学生。作为老师，我希望中国学生、母校学子能得到更好的教育，将来成为国家的栋梁之材，这是我的初衷。

一名真正的知识分子要立天地之正气、做儒雅之学问；一个真正的中国人要自强不息、厚德载物。

第五章　志存高远　脚踏实地

俞建勇

导语：每个人都有自己的理想，理想决定着个人努力和判断的方向，对于大学生来说，既要将个人的努力目标与理想追求联系起来，又要把个人的命运同国家和民族的未来紧密相连。作为新中国成立后国家建立的纺织领域的重点大学，东华大学几十年来在人才培养、科学研究、社会服务领域全方位为纺织工业和国家作出了重要贡献。高校教师要根据新时代学生特点，加强教学改革，让学生明白和掌握习近平总书记所倡导的战略思维、辩证思维、历史思维、创新思维等思维方式，树立远大目标和崇高理想，发扬脚踏实地的务实精神，做一个对国家和社会有益的人。

一、读书求学之路

（一）知识启蒙阶段

很有幸能够与大家交流我个人的成长经历。我的整个小学阶段还是给我留下了很深刻的印象的，为我以后的成长打下了很好的基础，概括起来有三个方面。第一，我们当时的学习很单纯，不像现在学习的课程很多，当时主要课程只有语数外，外语是到四年级才开始学的，就是在这样一个课程结构下，我们努力掌握好各门课程；第二，当时我从一年级下半学期开始做班干部，在与同学的交往中锻炼了自己的工作能力、组织能力和交流能力；第三，那个时候除了读书之外，我们还有比较多的社会实践机会。在二、三年级假期的时候参加“学工、学农”，比如我们去学做烘箱的控制器、组装航模等，有时也到农村去做一些农活。这对自己都是很好的锻炼。小学阶段的学习实践为自己以后的成长打下了比较好的基础。

中学阶段，适逢我国改革开放拉开大幕。我 1977 年进入初中，那时我国开始向科学技术进军,全国上下掀起了一股学习热潮,我们主要的精力都投入在学习上了。1979年我读高中,进入上海中学学习。那个时候已经出现以高考升学为目标的教育方式。我很感激我的母校,它当时还是坚持素质教育,要求我们加强基本知识、基本技能的训练,同时还扩大不同知识领域的知识面。当时,我对理科知识的学习比较感兴趣,尽管我们有文理分班,但是学校要求文理分班之前一定不能形成文理分离。我想正是这样一种以素质教育和以全面知识培育为基础的,以知识和人文培育相贯穿的教育,对我后来的发展起到很大的作用。

(二) 理论奠基阶段

考大学的时候,我从自身的兴趣出发,认为数学、物理跟工程应用相结合的一些学科未来可能会有大发展。而其中材料学科对各领域具有基础性、先导性作用,今后对各个行业都会有很大影响,同时自己也有志于从事这方面的工作,所以,当时选择了几个大学的材料专业。高考的结果使我最终进入了东华大学的前身——华东纺织工学院的纺织材料专业学习。

刚进入大学时,我觉得这并不是我理想中的那个去处,因此有过彷徨和困惑。但是经过一段时间的学习后,我很快适应了纺织材料专业的学习。对于大学的选择,给了我三点启示:第一,要正确看待理想与现实。每个人都有自己的理想,我们总希望理想能够得到完美的实现,但是很多时候,理想跟现实并不一致。我们实际上更多的时候应从现实出发,然后找准定位,再完善自我,才能达到新的理想境界。第二,要把握好兴趣与认知的关系。比如我对材料专业感兴趣,但读高中的时候对材料的认知很窄,认为材料就是工程材料。但实际并非如此,随着学习的深入,了解到材料是一个大的领域,还有许多分支领域。每个分支领域都有它自身的科学技术问题和应用背景问题。再深入进去,就会发现,与分支领域相关的行业都有它精彩的一面,都有你发挥才智和用武之地。所以我觉得在兴趣和认知之间,可能还要找准平衡。第三,要建立稳固的专业思想。我们要将自己的发展置身于整个国家发展的大局中。国家各领域的建设和发展都需要大批具有专业知识的人才。我们每个人的发展都要跟国家的发展结合起来。这种结合落到实处就是与一个具体领域和专业的结合。因此我们要在奉献社会、服务国家的大背景下,建立起稳固、扎实的专业思想。

（三）大学成长之路

我就用“成长”这个词来表达我的大学生活。我觉得每个人的大学生活是最精彩的一段人生篇章。你的这个篇章如何书写，最后留下什么样的烙印，对每个人来说都极为重要。

为什么要选择“成长”这个词？因为我觉得我读大学时的生活是丰富多彩的，我们有专业学习，会参与各种专业实践，参加各种社团组织以及课外体育活动、文艺活动等。我们广泛地涉猎各种著述，不断提高自己的人文素养等。我“成长”的烙印，主要在四个方面。

第一，大学赋予了我专业知识。大学给予我知识建构，形成知识积淀，主要体现在四个层面：一是专业领域的基础知识和专业技术知识。二是围绕专业学习，在更广泛的领域拓宽了知识面和知识范畴。三是参与了各种实验、实践创新活动，形成了体现综合实践创新能力的知识。四是知识泛化成一个体系，使我能够融会贯通地将专业知识应用于实践。

第二，大学锻炼了我的思维方式。思维方式的训练是我的一个重要收获，主要体现在两个方面：一是思维的层次，这使我养成了由表及里，由现象到本质的思维方式；二是思维方法，这使我形成了结构性思维，对一个问题能够从系统的角度来进行结构性分析，然后通过每个部分分解解读，最终达成对整个系统的理解。

第三，大学培养了我的人文情怀、人文素养。我认为大学更重要的是人文素养的培育。大学是我们从自然人向社会人过渡的关键阶段，是我们适应社会和人文素养定型的关键时期。我们通过大量的交流、阅读和思考，逐渐形成对现实世界，对我们做人、做事的基本观点。这在我个人的成长中印象非常深刻。

第四，大学生活是我们人生的历练过程。这其中我们会遇到很多挫折，碰到发展中的困境。在解决问题的过程中，我们每一次向前的跨越，就是思想上的一个飞跃或者突破，由此推动了我们人格的完善。

我们上大学时课余生活很丰富。我们参加社团活动，发展体育方面的一些爱好。另外跟现在最大的不一样，就是现在是网络时代，有大量网络信息，我们当时更多的是大量阅读纸质的书籍。理科学生可能会更多地关注人文类书籍，对一些大名人的书会读得稍微多一点。现在与过去相比，环境不一样，但两个时代都有它各自的优势。虽然现在的信息量比以前要多得多，但是当时系统性的阅读比今天要多一些。

（四）人生启迪的两句话

在我的成长过程中，有两位智者对我影响很大。一位是我的高中政治老师，他的专业领域是自然辩证法。当时，他负责我们的课外活动，组织学习了包括《爱因斯坦文集》等丰富的文献资料。高中毕业的时候，他将爱因斯坦的一句话作为毕业临别赠语送给我。他告诉我："每个人都有自己的理想，这种理想决定着他的努力和判断的方向。在这个意义上来讲，激励我毕生为之奋斗的不是名和利，而是人世间永恒的真、善、美。"这句话对我影响至深，是启迪，也是鼓励，成为我做人的一个基本价值取向。"真、善、美"这个终极的追求，激励我努力摆脱世俗的羁绊，追求宁静致远的境界。之后我在大学里，多次重读《爱因斯坦文集》，里面有一句话更加印证了这一点。爱因斯坦说："多数人说才智是成就一个伟大的科学家的一个基础，这是错的，实际上是人格，有好的人格才能成为一个伟大的科学家。当然我们离伟大很远，但是每个人平凡当中有追求完美的一面。"这本书、这句话，让我对如何做人产生了思考。

第二位智者，是我攻读博士时的一位老学长。当时学校有一个诚孚奖学金（诚孚纺织专科学校是东华大学前身华东纺织工学院的组成之一），由诚孚纺织专科学校一位老学长设立，主要是支持优秀学生的学业发展，以期取得优秀的学习成绩，报效社会。这位老学长讲的一句话给我印象非常深，他说："每个人都有这份好的心愿，要服务于这个社会，但是每个人能力也是很有限的，你要尽力服务于你所在的单位，服务于你周围。每个人能够做到这一点，我们整个社会就遍布服务这样一个情景，就能够推动我们社会的发展。"这句话很朴实，但说出了一个深刻的道理，即我们做事就是要奉献社会，奉献社会要从小处着手，从周围着手，然后由小见大。

这两句话成为我踏上工作岗位后做人做事的座右铭。

二、院士成长之路

（一）坚持梦想

我想很多同学刚进入专业学习的时候，或多或少会有一定的迷茫。其实，在我学习纺织材料专业时也曾有过迷茫。20 世纪 80 年代还好，到了 90 年代这个情况就突出了。当时我们就觉得纺织产业是一个夕阳产业。纺织产业跟战略性的产业相比，似乎发展的重要性不足。年轻人总是有抱负，总会希望做一些高大上的事情，所以当时我对学习纺织材料专业也有过犹豫。但实际上纺织材料本身有一个不断发展的历程，从科学价值、技术层级上有进一步发展，这也是一个客观的情况。针对这个情况，随着专业的深入，我逐渐形成三个想法。

第一，纺织材料形态很特殊。比如高分子材料领域的纤维态材料，具有一些很特殊的性能，除了能应用于人们的日常生活，在其他很多领域都有它特殊的用途。实际上世界上没有最好的材料，只有适用的材料，纺织材料就是一种比较重要的材料。

第二，纺织材料技术相对落后。纺织材料与民生各领域紧密关联，需求相当大，品质要求高。改革开放后，外资企业进入中国，当时国内纺织材料的技术水平跟国外先进水平比差距很大，确实需要大批的科技人员来提升技术，尽快缩短与国外先进技术的差距。

第三，纺织材料有特殊用途。纺织材料在一些战略性领域，比如在航空、航天领域，在一些很特殊的使用场合，有它的独到用武之地，所以也有很高大上的用途。

当时从这几个方面来考虑，我觉得纺织材料科学还是很有发展前景的，是值得为之去努力奋斗的。现在回过头去看，实际上各个领域都有它内在的发展逻辑，都有它内在发展的一些贡献，都存在大学生施展才华，奉献、报效社会的机会。

我是1985年大学本科毕业的，毕业后马上读了硕士研究生，紧接着又攻读博士研究生，1990年我博士毕业。从大学本科到博士研究生毕业，我逐步走上了科研之路。邓小平同志曾讲过："科学技术是第一生产力。"在产业发展中，科学技术是最有活力的生产力要素，跟各个要素都紧密关联。因此，以科学研究促进产业发展非常重要。同时科研赋予我一个非常自由的思考环境，通过一些创新的思维，激发自己寻求一些突破，推动产业改变面貌。正是自己的爱好，加上对产业发展的使命，使我走上了科研的发展道路。

（二）展望未来

纺织技术的进步是中华文明发展的重要标志之一，纺织业是我国的传统产业。未来纺织产业将如何发展呢？我认为，首先我们要从现在的时代背景来分析。当今的时代，高技术群体发展广泛渗透，形成了集绿色、智能、泛在为特征的世界新科技革命和产业变革态势。在这样一个态势下，纺织产业肯定要与之互动。在新材料技术、生命技术、信息技术、新能源技术等的导引下，纺织与这些新技术怎样交叉融合，来拓展它全新的发展空间，这是纺织产业新发展的一个重大背景。在这个重大背景下，纺织产业出现了新的发展特点和新的发展方向。

第一，数字纺织。数字纺织包含三个内容：一是制造环节的智能化，二是装备的智能化，三是产品的智能化。智能制造不仅仅是一个技术上的概念，而且是产业发展模式的一个重要的进展。从机械化到自动化，到数控，到信息化与工业化的两化融合，再到进一步的智能制造，这是产业的一个新的发展阶段。这种新发展会带来纺织制造重大变化，它体现出网络制造，制造要素的网络化；体现出数据制造，在数据基础上的优化制造；体现为精益制造，通过智能优化来实现高品质。利用智能制造能适应消费者多元的变化，实现产品的柔性化生产。当然还有智能制造新模式的发展，比如大规模个性化定制；制造资源的协同制造，如国际间制造资源协同制造、远程运维等。这其中也包含了消费端营销的革命性变革。当然还有大家耳熟能详的智能可穿戴。智能纺织产品在医疗领域、运动领域，特别是国防军事领域，大有用武之地。所以数字纺织的影响是全方位的。

第二，绿色纺织。绿色纺织，就是原料要绿色，要通过生物资源制造纺织原料。绿色纺织，它的制造是清洁生产的，能源消耗、资源消耗、废弃物都要低，所产生废弃物要能够有效地处理并实现回用。绿色纺织，产品是绿色的，人们使用是安全的，用于自然环境中的必须对环境是低污染的。产品废弃后对环境的影响要最小，实现产品全生命周期绿色。

第三，新材料纺织。新材料纺织主要体现在三个层面，首先，纺织要向更高的品质，更多元化的功能发展，要向新领域拓展。其次，纺织要关注产品结构的多元化，从纤维到纤维集合体，到纤维增强复合材料等在广泛领域里面的应用。最后，纺织要关注新功能的整体性变化，如智能、生物医用、纳米等，在这些领域中体现出新材料纺织的整体图像。

第四，新应用纺织。新应用纺织实际上包含两个方面，一个方面是能够满足人民生活水平不断提升的需求，同时要适应和引领我们生活方式的变化；另一方面就是纺织将大量应用于产业应用领域，像国防军工、航天航空、能源、环保这些重要的领域。

以上四个方面，展现了未来纺织发展的宏图。

（三）东华贡献

东华大学是新中国成立后国家建立的纺织领域的重点大学。几十年来，东华大学不辱使命，为我国纺织工业的发展作出了巨大贡献，主要体现在五个方面：

第一，体现在行业需要的人才培养。大学的本位就是人才培养。纺织工业领域的很多领导、企业家、科技专家，包括在终端、运营端的一些专家，有很多都是东华大学的毕业生。东华大学培养的人才推动了我国整个纺织工业的发展。

第二，体现在支撑行业发展的科学研究。东华大学的知识创新为我国纺织行业的科技进步作出了杰出的贡献。东华大学的科技成果称得上“上天入地”，其中包括战略武器系统用的抗热烧灼的材料，在国际上只有美国、俄罗斯、中国三个国家有。最近“神舟”“天舟”用的电源材料是东华大学纺织学院科研团队组织研发的，对我国航天工程作出了重大的贡献。同时学校还研发了大批应用于人民生活和国民经济各个产业领域的产品技术，推动了我国纺织科技整体的发展。

第三，体现在深入的产、学、研结合服务于社会。东华大学跟国内纺织产业领域各个分支部门的大企业都有深度的合作。这种合作除了科技服务项目外，还有深度的融合式产、学、研结合。通过与企业的深度产、学、研结合，东华在知识创新中既取得了令人瞩目的成果，同时也以创新成果推动了企业的发展。

第四，体现在高水平的国际合作交流。东华大学逐渐成为纺织科技领域国际科技合作交流的中心。通过国际科研人才方面的合作交流，不断提升学校在国际纺织科技领域的地位，同时为世界的纺织科技发展作出贡献。

第五，体现在引领国家纺织科技的发展。东华大学参与了我国纺织领域诸多科技发展战略规划的制定，比如中国工程院纺织工程科技规划是依托东华大学制定的，还有许多纺织领域的关键科技规划也都是依托东华大学完成的。东华大学为我国纺织科技的整体发展起到了战略支撑作用。

（四）“一带一路”倡议与纺织工业

东华大学在人才培养、科学研究、社会服务全方位为国家作出重要贡献的同时，对国际纺织科技领域也产生了重要的影响，成为我国纺织产业国际化发展的重要支撑。2015年底，我国纺织服装企业在海外开展生产以及贸易业务的企业超过2 600家，分布在100多个国家和地区，为“一带一路”倡议的实施提供了有利条件。同时“一带一路”倡议的实施也将维持和提升我国纺织工业的领先优势。

“一带一路”倡议涉及沿线国家65个，它的人口大概要占到全世界人口的63%，但是它的GDP规模大概只占到全球的29%，贸易额规模占全球25%。这些国家的人口数与GDP、贸易额产出数是有反差的。我国通过“一带一路”倡议的实施就是要提高“一带一路”沿线国家的发展水平，然后通过共同发展来获得各个国家新的发展空间。这种协同共赢体现了未来世界的发展，是我国一个重要的发展新理念，也是我国对世界发展的一个重大贡献。在这样的背景下，我国纺织产业必须要积极参与“一带一路”倡议，以获得整体的新提升。

我国纤维加工总量目前已经占世界的50%以上。但我国现在纺织产业的发展遇到若干瓶颈，一是人口红利的效应越来越低；二是产业发展的要素成本大幅度上升；三是环境资源的制约越来越突出；四是纺织领域国际贸易格局日趋复杂化。在这样的背景下，为实现进一步发展，我们必须转变发展路径。“一带一路”倡议正好给我们提供了这样一个重大的发展机遇。这既是努力服务于国家重大战略，同时也是我国纺织产业获得发展新动能、新空间的一个重大举措。

“一带一路”倡议的具体实施可以通过贸易、投资、基础设施建设等来实现。第一个方面，我们可以通过推动“一带一路”沿线国家的产业发展，来推动它的市场发展，然后跟我们的产业、产品、产能形成对接。第二个方面，可以把我们的产能沿线进行布局，然后对我们的生产资源进行国际化的布局，来提升产业发展的整体空间。第三个方面，也是非常重要的，在我们的基础设施建设过程中，也可以发挥纺织的优势。比如在公路、铁路、港口的建设中，都用到大量纺织材料，在这些工程中，纺织产品也可以发挥基础材料的作用。最后，关于“一带一路”倡议还要谈一个理念，在现在的国际发展格局中，我们要高举合作共赢的大旗，寻求共同发展，才能确保各个国家不断地持续发展。

（五）志存高远，脚踏实地

第一，理想信念与踏实工作的完美统一。要把自己个人的命运跟国家、民族的发展紧密相连，同时又要把个人的发展跟具体事情相联系。就是我们既要有志存高远的境界，又要有脚踏实地的务实态度。“志存高远”使得我们有目标、有理想，使得我们有坚定的信念和坚定的选择。“脚踏实地”使我们能够把远大的理想落到实处，然后从一个个具体的事情做起。我们做科研，就是从一个个具体技术的突破，再到具体的产业推进，然后能够为我们国家具体的战略项目提供支撑。我觉得这样才能使我们的远大理想与我们务实工作实现完美的统一。

第二，正确看待自己的选择。新时代，我们的发展机会很多，选择很重要。每个人在快速发展的社会中都必须做出自己的选择，适应社会的变化。选择最好的发展路径是每个人的自然反应。在做出选择的同时还要注意一点，就是坚守。不做好选择，就不能明确方向，不能对社会的发展做出快速反应。但是选择后，不能在一个领域中持续地坚守也很难做成事情，比如在纺织领域，20世纪80年代是非常好的发展环境，改革开放迅速释放了体制的活力，新技术大量进入我国，提升了我们的技术水平，纺织产业发展非常迅猛。到了90年代，随着纺织工业体制改革的深入，行业进入了一个相对的发展困难期。2000年以后，我国加入WTO，融入世界贸易体系，我国纺织产业又获得了巨大的发展。在这个过程中，只有坚守在这个领域，在发展顺利时看到存在的问题，在发展困难时找到其中的机遇，把握住总体的发展态势，这样才有可能做出成效。

第三，始终坚持追求卓越，坚持科研的突破。卓越也是一种生活态度，对于科研工作尤其重要。什么叫卓越？卓越就是卓尔不群，在工作的各个方面要体现出我们的特异性。科研也要体现出我们的特异性，只有在产业关键技术研究中取得重要突破，才能为整个行业发展起到实质性的推动，这样才能更加坚定地在这个领域持续研究。

我从一名大学生开始到从事科研领域的工作，一路走来，跟许多大学生有类似的经历，现在的大学生的未来也可能会有跟我类似的奋斗历程。如果给我们的学子寄语，我觉得这几个方面是很重要的。第一，确立目标，目标就是奋斗的方向，是整个大学生活的重要导向。自己的能力体系的提升，都要围绕这个目标，要激励自己朝着目标不懈地奋斗。第二，提升专业能力。这是一个全面的提升，专业基础、知识的范畴、知识创新的能力、知识综合运用的能力，需要通过大学教育来全面提升。第三，培育自己的人文素养、人文情怀。人文素养和人文情怀对于自己进入社会以后，能够确立远大的、奉献社会的基本价值取向，形成毅力，克服困难，是达到目标的精神动力取向。

三、名师育人之路

这些年我始终坚持在一线从事教学工作，我觉得这是一名教师应尽的本分。现在这一代学生成长于信息时代，大家接受的信息量很大。在海量信息的引导下，学生的思考能力、自主学习能力都很强。作为教师，应该看到现在这一代人的一些特质。在我教学的班级里，学生的求知欲望很强，学习能力也很突出，对于知识的总体性把握有很好的追求。今天的大学生给我的总体印象是积极向上的。作为教师，我们怎样根据学生的特点，进一步提升教学效果，更好地跟学生互动，进一步加强教学改革，非常重要。通过对教学模式、学生学习考核方式、课程体系等的进一步改革完善，能够促使学生更多地抓学习关键、抓系统知识、抓对问题的整体分析和解决能力，从而提升学生的学习成效。

（一）提升思维

我自己的成长体会可能也适用于当代青年大学生。我们通过大学学习，就是要形成完善的知识结构，提升综合能力，进一步提升思维水平，从而综合提升我们适应社会、抗环境干扰的能力。我特别要强调一下思维，思维非常重要。我们从事科研工作，一定要有问题导向，弄清楚重大问题的背景是什么。对于问题，我们必须要有层次地进行分析，弄清楚问题背后科学技术的瓶颈何在。然后梳理出独辟蹊径的突破问题的技术路线，再进一步从科学原理上进行分析、提高，最终形成整体的突破。这需要系统的思维，而不是对问题的简单综合。大学教育就是要训练学生形成这种系统的思维模式，让学生了解和掌握习近平总书记所倡导的战略思维、辩证思维、历史思维、创新思维等思维方式。

（二）学会统筹

大家在学习和今后的工作中会经常碰到如何统筹这个问题。我作为教师，要教学、指导学生，还要在科研一线做研究；作为中国工程院院士，要按照国家的要求，为国家的科技创新作出新贡献，要服务于社会，参与重大的战略咨询，支持重大的产学研合作、重大科研计划的推进，还要培育一些重要的人才；作为主管学校科研的副校长，也对自己的岗位职责负责。面对这么多的工作，首先得保证做好自己的主体工作。在担任副校长期间，我觉得自己管理岗位的工作是第一位的，抓好自己主要工作的同时，要统筹做好其他的各项工作。比如做好中国工程院的重大战略咨询项目，就要依靠专业化的咨询工作组，把行业的力量充分调动起来，做好战略咨询工作。中国工程院的一些重大的基础性工作也要做好，需要用一些周末的时间去完成。做好教育教学工作，就要建设好自己的教学团队，自己在教学一线工作，同时发挥团队的作用，共同协调把事情做好。总之，在抓住主要工作、岗位职责的同时，也要通过统筹协调的方式把各方面的工作做好。同学们也是如此，学习任务很重，各方面的工作也很重，就需要通过统筹协调，找方法、抓关键，学习和其他工作两不误。

（三）谋划未来

同学们都会面临如何谋划未来这个问题，我们当时也是如此。大学毕业以后面对继续深造还是工作，我选择了继续深造，而我的同学大多选择了就业。从现在的发展来看，选择继续深造的有发展得比较好的，也有发展一般的。选择就业，到企事业单位工作的也有发展很好的和发展一般的。大学毕业如何选择还是要根据自己的发展志向、发展规划、专业趋向、工作意愿等进行综合考虑，很难说是继续深造好，还是直接就业好。大学生在选择的时候要有一个参考背景，要看时代发展。现在知识经济迅速发展，各方面的发展变化非常迅速，对于知识的需求越来越多，知识的层级在提升，知识的跨度在扩大，社会对于复合型人才需求旺盛。在这样的整体背景下，同学们要进行综合考虑，做出进一步深造还是直接就业，或者就业以后再来提升的选择。

另外，相当重要的一点是我们必须积极地去选择，不能拒绝选择。因为这是一个选择的时代。做出选择，也是大学教育将一个自然人培养为社会人转化过程中的一个重要的方面。

(四) 如果回到 20 岁

对于我到目前为止的这段生活经历，首先感到的是无悔。因为在我的成长过程中，我都坚守做人的准则、做事的准则。这中间弯弯直直，有成功的时候，也有困难的时候，还有挫折的时候，但在这些环节当中我都坚守了自己做人的原则、做事的原则，所以在这点上我感到无悔。

当然如果让我再走一遍，我应该能够把每一个环节走得更好一些，也可能会走出不太一样的路。因为路走过了之后，自己就会得到很多教训、心得和想法。自己就能把路走得更扎实，更顺畅。这是我的第一个想法。

第二，回望走过的路，虽不后悔但有遗憾。所谓遗憾，我觉得自己应该有更多的机会为所在单位、行业、社会做更多的事情。少了这些贡献已经成为遗憾，所以我想再重走一次。这样可能会把事情做得更好一些，更全面一些，能够对我们的单位、行业、社会贡献更多一些。

第三，感恩之心油然而起。回首我走过的这几十年，点滴成绩都是身边的人支持的结果。从小孩牙牙学语，到毕业进入社会，我们的父母、教师给予我们无私的关注、关爱；进入社会后每一步成长都离不开同事、行业里各方面专家、领导给予的支持，这些使我们一步步走向未来。所以我觉得要更多地去感恩。

今天我给同学们一个忠告，一定要学会感恩，要主动去感恩我们的老师，我们的父母，以及周边的所有朋友，还有家人、亲人。人生难免会有遗憾，遗憾在成长之路上必不可少。有这样一句话:“最遗憾的事情不是我失败过,而是我本可以。”所以我们一定要抓紧时间做好自己想做的一些事情。

总体来说,通过今天的分享,传授自己的成长经验,分享科研创新的感悟,希望能够对同学们今后的学习和生活有所帮助。同学们在大学学习中既要把自己个人的命运同国家和民族的未来紧密相连,同时又要将个人的努力目标与理想追求联系起来,既要有志存高远的境界,树立远大目标和崇高理想,又要有脚踏实地的务实精神,在平凡中追求完美,从具体事情做起,把目标和理想落到实处。希望同学们学有所成,做一个对国家和社会有益的人。

第六章　杂化纤维与美丽中国

朱美芳

导语：作为首批“全国黄大年式教师团队”带头人，朱美芳教授在个人成长、学术研究、国家发展上有何体会？为何要读大学、学纤维？材料学科的未来是什么？朱美芳教授将从自己上大学的故事说起，与青年学生畅谈为何学习、如何学习，从纤维研究与中国的发展讲述“美丽中国”的美好愿景，用自己的故事鼓励青年学子将个人的追求放入国家和民族伟大复兴的征途之中。

一、为什么上大学？

“不上大学找不到工作，不上大学没饭吃。”我当时上大学其实是为了解决户口问题。我生在江苏农村，那个时候整个国家的经济都不发达，城乡差距非常大。如果家里一个人在纺织厂上班，那全家是无忧的，但是我们家没有人在纺织厂，全是种地的农民。当时我父母和哥哥姐姐一起种地一年才六块钱，那时候唯一的希望就是我能考出来，我能有一份工作，有一份国家户口，这样说不定可以解决家里人吃饭的问题。因为当时我还有一个弟弟是智障者，当时就想着不考北京的学校就考上海的学校，报考上海的学校是因为离得近，就这么简单，所以我就考到了上海。我的第一志愿原来是上海交大，后来我们有个老师就说，你就应该学文，我的志愿就改了一下，把第一志愿改成了当时的华纺，把上海交大填为第二志愿，第三志愿是复旦。当时我的成绩在整个年级里是数一数二的，比我分数低的同学去了上海交大、复旦。当时上大学，就是为了解决温饱的问题，现在上大学应该是层次更高一点了。

实际从大学开始，这些年的经历让我觉得一个人光解决温饱问题是不够的，他应该为国家做点事，为社会做点事。随着时代的变化，特别是进入新时代，我们上大学已经远远不是为了解决吃饭问题，应该有更多的目标和理想。对老师来说，怎么能够有德？对学生来说，怎么能成为真正有用的人？习总书记曾在两院院士大会上有个讲话，我也学了，每次读了都特别的振奋。面对学生，所有老师都有义务跟他们一起成长，这就是全程育人、全方位育人、全员育人。站在我们的角度，当时我是为什么上大学，上了大学以后到现在这个阶段，和学生是一个共同体。学生要成才，老师们怎么和学生一起成才。虽然我早就上了大学，但今天我仍然要回答为什么要上大学，为什么让学生也上大学，这是我们老师的责任。

如何为学？怎么求学？要记得四件事：

第一个就是作小报告，也就是及时做好小结。有的人每周做小结，有的人每天做。我当时在读大学有每天都写日记的习惯，每天来总结自己一天做的什么，哪些做得好，哪些做得不好。现在我给研究生上课，仍然希望同学们不仅仅用电脑，而是用白纸，用钢笔手写。因为电脑用得太多以后，有的时候会失去大脑思考。对研究生的考试，通过手写练习，会考察他们的文字功底。

第二个就是多跟教授交流。曾任上海市副市长后来去北京当国务院新闻办主任的赵启正，他曾经出过一本书《向世界说明中国》，里面就讲道：一辈子做两件事，一个是读智慧的书，第二个是见智慧的人。读书就是知识，只要想读可以到图书馆读，可以到网上读，这个靠自己努力就行了。但见智慧的人需要条件，需要外部的力量。那么大学里谁是智慧的人呢？教授，是学校教师当中宝贵财富。所以尽可能多地和上课老师、和教授们多沟通，可能就得到比别人更多的东西。

第三个是参加体育活动。没有好的身体就没有学习和工作的基础，这是不言而喻的。我在大学阶段一直是校田径队成员，中长跑，为现在能超负荷工作奠定了身体基础。

第四个是参加社团活动。参加体育活动就是身心健康，参加社交活动可以接触不同学科背景的人。比如你是材料的，你通过社交活动可以接触机械、纺织的、化工的，否则只是材料这个领域是不够的，所以大学里就是通过社团活动接触各个不同学科的人，产生新的创新点。

为了培养学生，学校和学院可以做的有很多。我常邀请国内外的教授到我的课堂。记得当时邀请香港中文大学的一位吴老师时，他说："朱美芳，我不去。我又不是搞纤维的，我不去你们那。讲了别的，你们都不懂。"我说："那你给我们讲讲怎么来教育研究生。"就这样才把他请来。当时我就觉得我们必须把学科教学搞上去，让别人愿意来。现在每个人来了下次还都想来，这就是我们东华的发展。

工匠精神，特别是我们工科的学生。我们学院获得国家科技进步一等奖的陈慧芳老师，她是我们材料学院的功臣。她非常简单，30 年就干一件事，那就是几十年如一日研究碳纤维。碳纤维是做导弹的材料之一，东风系列，包括巨浪、抗战建军90周年、70周年阅兵式里面就有我们陈惠芳团队研发的材料。这就是工匠精神，我们要向她学习！

二、我与东华材料

1982年我来到东华大学以后，直到今天，在学校待了37年。当时家里穷得不得了，我没有好的衣服，中学老师送了我一块的确良的面料，我用这块布料，做了一条裤子。的确良，就是涤纶、PET，现在我们国家的PET已经达到了4 000万种，可是当时我们穿一件的确良的衣服是奢侈的，不是非常富有的人是穿不起的。我刚开始没想过会当教授，也没想过会从事一辈子的纤维研究，慢慢这个兴趣养成了，纤维教学的科研成了我一生的追求。

什么叫纤维？去查找一下居然没有定义。2015年5月，在亚洲化纤大会上，他们邀请我做报告，我就给它定义了，当时是用英文定义的，三个要素：直径，它要足够的细，小于100微米；然后长径比，长度直径比大于500；第三是要有柔韧性，满足这三个要素就可以称它是纤维了。不仅仅是有机的，可以是无机的，可以是金属的，这样就把纤维的概念拓展了。纤维无处不在，无时不有。后来我讲，世界是由纤维组成的，衣食住行没有一个离得开纤维，穿的衣服有很多纤维，天天吃的膳食有很多纤维。第一篇关于纤维的文章，就是研究蔬菜纤维的，是1889年美国的Jacks发表的文章，那时候还比较简单，说这个纤维当中有多少元素。

说起我国纺织和纤维的发展，不得不提到张謇，他是中国近代纺织教育家、实业家，他在1912年创建了南通纺织染传习所，也是我们学校的前身。钱宝钧先生和方柏容先生，是中国化学纤维学科奠基人。这些前辈的精神就是我来到大学后学习到的，材料学院的精神也是我们东华的精神。体现在四个方面：一是育人在先，基础扎实：1954年化纤教研室，1959年化纤研究室，1978年化纤研究所……钱先生培养了12个博士生，21个硕士生；1946年发表了第一篇学术论文于美国纺织杂志是关于X光衍射的，后又发表第二篇关于X光衍射用于测试纤维取向论文，是碳纤维研究基础，是大分子缠结理论为高强高模聚乙烯纤维研究奠定基础；二是自制仪器，坚持特色，如自制了热机械分析仪、声速仪、解偏正仪，坚持特色科研，以研促教，全面提升学生能力培养；第三，学研结合，服务产业；第四，交流合作，国际视野。

纤维学科的学生，要去接触不同学科的人，数学、物理、化学、材料、机械、信息、生物等，所以我们不仅仅要有文科的知识还要有多学科的知识。只有这样，在两个东西的交界点才能产生新的增长点。我们以为纤维就是纺织，只是可以穿衣，其实它可以上天入海。“复兴号”里面有很多复合材料是我们学校提供的，C919 用了12%的碳纤维复合材料，CR929 可能要用到 52%，这就需要用到我们陈惠芳老师研发的腈纶基碳纤维。原来我们的腈纶基碳纤维质量不稳定，现在我们国家能做了，不但能做 T700，还能做 T800。我们实验室在攻克 T1000，接下来和大企业联合起来做。

功能纤维就是赋予它更多的功能，环境材料、信息材料，生物医用的有很多器官都可以用纤维材料做，如人造皮肤。30 年前我的硕士论文就是关于人造皮肤的，但这件事太难了，到现在人造皮肤仍然是一个非常先进的课题。还有能源材料，我们学校对风力发电、太阳能等新能源材料的研究非常多，为的就是要替代石油。

智能化也是我现在做的研究方向之一，什么叫智能化？外界有个小刺激，材料有个大效应，可能就是智能化的特征之一，从被动效应到主动效应。我们做这些事要进行国际上的交流，一个学科水平高不高，能不能把人请过来，能不能把大家请来开会，这就是话语权。2002 年我们办了第一届学科论坛，本来想两年办一次，但直到 2005 年才办了第二次，后来才坚持两年一次。到了 2017 年，我们还设了一个钱宝钧纤维奖。从没有话语权，请不到人，到现在给外国人颁奖，我们采取推荐制，斯坦福、哈佛大学等全世界各个地方都在推荐，希望成为纤维领域的诺贝尔奖。

三、我与新型纤维

我从读大学开始便一直在东华，自己年龄的增长和经历都跟材料学科有关，是学校培养了我，是纤维给了我学习工作的舞台。1989 年 1 月 3 日我留校开始工作，做功能化、纳米化、智能化研究。

现在做纳米的人也很多，我有一个助手，他做成了这个事。我们当时用一个针筒，注射剂在里面不放药水，而是放纺织链，用针筒推，下面装上电压就把纳米纤维做出来了，学生都需要自己动手做，其实关键是要能把它的机理搞清楚，这个纤维为什么变得那么细，后来我们发表的文章就被 Science 引用了。

最近这几年大家都知道石墨烯，石墨烯研究的那两个人拿到了诺贝尔奖。2011 年 6 月份我在新加坡国立大学开会，就跟他（吉姆）吃饭，我是代表中国去的。我就坐在主桌上，跟诺贝尔奖获得者一起吃饭。我就问他，你有中国留学生吗？你对中国学生怎么看？他不说话。本来研制石墨烯的工作是中国人负责的，结果那个中国人做了一个月，告诉老师做不了，不想做就停了。结果叫纳斯洛夫（音）的俄罗斯人，一脸不服气，自己动手把非常厚的石墨变成一片一片，然后就变成石墨烯了。通俗来说就是剥离。

最近我们又做了一个别人没做到的事情，把水凝胶变成纤维。果冻、鸡鸭血那些就是水凝胶。果冻嚼在嘴里有强度吗？没有。水凝胶也是没有强度的，我们的团队把它做成有强度的。日本也在研究这个，但我们现在的研究已经领先他们。水凝胶做好了以后，放在地上随便踩，用刀子切都切不开。这个东西是网络结构，能不能把它纺成丝？不好纺。2017 年 3 月份，我受邀到日本作主题报告就讲这个。东京大学的教授不敢相信："你真的把它搞成纤维，直径多粗？""40 微米。现在可以做 20 微米，比头发丝细多了。"

学科交叉很重要。材料学科办青年论坛，剑桥、牛津、哈佛、斯坦福的学生都来了。未来我们的材料会形成人体材料交互系统，这是我提的概念。我希望要不断进行研究，这样才有可能成为国家战略。纤维服务也不要简单把它看成一个遮衣避体的东西，它其实可以和我们人体互动。现在我们动能、机械能可以转成电能，其实也可以在纤维上做实验，把很多功能提升上去，可以把太阳能转化为电能，把热能转化为电能，电能转化为热能。这个就是智能给药，微球的合成可以把各种药物放进去，通过皮肤给药，这个将来是可以实现的。

我自己一辈子做三件事：一个是教书育人，大学老师第一位是教书，不仅仅教知识，还要培养人。二是纤维材料，把这条路走到底，我希望做领路人，而不是跟跑者。第三件事是积蓄能量，因为一直在前面领跑是非常累的。

下一代纤维未来做什么？有一天我们穿的衣服、开的车，甚至生活中的方方面面都会用到纤维。无尽的远方，无数的人们，美丽的中国，都与我有关！

第七章　钱宝钧先生与“五爱精神”

王依民

导语：我们为什么要有大学，大学的目的是什么呢？胸怀家国、献身科研、淡泊名利、培育后学，以我国著名纤维科学家、教育家钱宝钧先生为代表的一代大师们为实现“纺织强国梦”，“不为一己求安乐，愿作别人嫁衣裳”，用“爱祖国、爱人民、爱科学、爱劳动、爱社会主义”的“五爱精神”为这个问题作出现实注解。立德树人是学校的根本任务，从20世纪70年代钱宝钧先生提出要研制高性能纤维，几代东华人前赴后继共同努力，研制成功碳纤维、芳纶纤维、高强聚乙烯纤维等一系列高性能纤维材料，为国家一号战略武器作出了突出贡献，也成为当代青年学生的实际垂范和榜样。

“向大师致敬——大师系列校园剧”演出的是戏剧，传承的是文化，宣传的是大学精神，培育的是公民道德。大师剧的呈现既蕴含着校园文化的丰富养分，也开启了一扇新窗，让年轻人有机会与传奇大师面对面，走近大师，走进大师。以润物无声的方式启迪思想、温润心灵、陶冶人生。近年来，“大师剧”的育人效果和传播效应日益增强，诸多中央和上海新闻媒体对“大师剧”予以充分报道，不少剧目得到了大中小学师生、社会公众、专业人士和媒体的广泛赞誉。“大师剧”既为高校师生创设了一个艺术实践的舞台，也为他们提供了一个生动而真切的思政课堂，通过排演和观看“大师剧”，高校师生能够在投入创作中感悟大师的人格魅力，在醉心观看中感动高尚的价值情操。

校园原创话剧《大师剧：钱宝钧》是东华大学根据我国著名纤维科学家、教育家钱宝钧真实生平故事制作的校园原创话剧。该剧选取了钱宝钧在留学时因抗战爆发毅然回国、参与筹建华东纺织工学院、“文革”期间淡然面对不公坚持科研、前瞻性布局高性能纤维研究等历史片段，艺术再现了钱宝钧“胸怀家国、献身科研、淡泊名利、培育后学”的感人一生，讴歌了以钱宝钧为代表的一代大师为实现“纺织强国梦”，“不为一己求安乐，愿作别人嫁衣裳”的人生情怀。

一、钱宝钧先生的“纺织强国梦”

钱宝钧先生心怀“纺织强国梦”，献身科研、淡泊名利，为我国纤维科学和纺织教育的发展作出了突出的贡献。钱宝钧先生“不为一己求安乐，愿做别人嫁衣裳”的精神，激励着一代又一代东华人奋勇前进。

（一）学成归来报效祖国

今天，当我们走上街头，随处可见人们身着五彩缤纷的各式服装，但是难以想象的是，60 多年前的国人还在为穿衣问题发愁。事实上，早在 20 世纪 50 年代之初，“早日解决中国老百姓的穿衣问题”就成为萦绕在钱宝钧心头的一句话。

1935 年，钱宝钧通过庚子赔款赴英国曼彻斯特留学，学习化学专业。1937 年，成绩优异的他，即将面临毕业实习，在毕业酒会上，他竟遭到国外相关工厂厂长拒绝其实习的侮辱。钱宝钧愤然抗争，却得知自己的祖国正遭受日本侵略的消息。身处异国，此刻战火燃烧着的不仅是他深爱的故土，更是他那颗热切跳动着的爱国心。当时，虽然他的老师要他留下来，他也完全可以留在英国，但是他为了自己的祖国，毅然回国，用实际行动证明自己是一名伟大的爱国主义者。

（二）攻坚克难为国贡献

回国后，钱宝钧先生醉心科研，事必躬亲，一直到八九十岁高龄时依然还在实验室里面做事。他一生不懈的努力，为我国纤维科学的发展作出了突出贡献。他的奋斗事迹值得我们铭记。

钱宝钧是我国最早提出要搞化学纤维的人。在积贫积弱的中国，化学纤维的重要性毋庸置疑。世界上出现的第一种化学纤维是尼龙，由杜邦公司杰出的科学家卡罗瑟斯带领团队研制。我国从 1935 年到解放初，一直没有化学纤维。钱宝钧认为，虽然中国地大物博，但是实际可耕田面积有限，所以中国必须要搞化学纤维。虽然中国领土面积 960 万平方公里，但是山地、高原、丘陵居多，山地占了 320 万平方公里，占 33.33％；高原 250 万平方公里，占 26.04％；丘陵 95 万平方公里，占 9.90％，而且中国人口众多，耕地面积有限，人们吃穿用度就涉及粮棉增田的问题。那时还是一个票证时代，吃饭用粮票，出差外地还需要到粮管局换成当地的粮票；穿衣要用布票，而一年一个家庭可能也就是一张布票，常常是兄弟几人老大穿新衣，老二穿旧衣，老三缝缝又补补。所以研究化学纤维势在必行，钱宝钧在 20 世纪 50 年代即提出要研制化学纤维，是非常具有前瞻性的。

到 70 年代初的时候，钱宝钧在国内率先提出研制高性能纤维。高性能纤维是国防、军工、航天航空所必需的纤维，在钱宝钧的大力倡导和支持下，我国的高性能纤维取得重要突破。随后，在钱宝钧的带领下，我国又相继研制出芳纶纤维、高强聚乙烯纤维等高性能纤维，均获得过国家科技进步奖。

钱宝钧一生都在为国奉献，不仅解决了国计民生的问题、解决了粮棉增产问题、解决了老百姓的穿衣问题，还为我国的国防科技工业作出了卓越贡献。

（三）“五爱精神”

钱宝钧 80 岁时，荣获首届中国工程院光华奖。他将 10 万元奖金连同自己所有的积蓄一起，设立了 50 万元的奖学金，奖学金的名字并没有以“钱宝钧”命名，而是以社会主义思想道德的基本五条“爱祖国、爱人民、爱科学、爱劳动、爱社会主义”，也就是“五爱精神”命名。时任上海市市长的徐匡迪先生为此题词：“五爱精神，光照千秋。”钱宝钧一生都在用实际行动贯彻落实“五爱精神”。上海复星公司在东华大学材料学院门前为钱宝钧塑了一座雕像，呼吁将钱宝钧的“五爱精神”发扬光大，为师生树立榜样，以榜样的力量带动德育。

二、钱宝钧先生的科学精神

（一）科学严谨求真务实

钱宝钧至 90 岁高龄时，仍未出过一本书，因为钱宝钧认为出书必须要严谨再严谨，由此体现了钱宝钧对于做科研、做学问要求极高，十分严谨。钱宝钧为东华大学作出了突出的贡献，一是他发挥学科带头人的作用，为我国的化纤事业作出了伟大的贡献；二是培养了一批热爱学校，忠诚教育事业的教师；三是始终关注学生的素质教育，培养了一批人才。

钱宝钧作为学科带头人，始终走在学科前沿，将队伍培养与学科发展紧密结合。在那个信息闭塞的时代，没有电脑、没有网络，学习英语也只能通过听取收音机中的《英语 900 句》，要了解学科发展的前沿动态，只能通过查阅书本或者出国留学。对于国家公派留学，钱宝钧认为公派留学基金是国家的钱，国家的钱是纳税人的钱，要发挥更大的价值，要将国外先进的经验和技术带回来，报效祖国。钱宝钧正是通过获取有限的信息，了解到国际上学科的发展。他第一个提出中国也要研制化学纤维，并在20世纪70年代初便提出要研发高性能纤维的设想，为国家的发展、化纤的发展作出了突出的贡献，其中克服的困难是常人所难以想象的。钱宝钧同时也醉心基础研究，在七八十岁的高龄时潜心研制仪器设备，研制出了热机械仪及溶胀DSZ。在基础研究领域中的化学纤维成型项目，荣获1987年国家科技进步二等奖。

曾和钱宝钧一起共事，如今是东华大学材料学院教授的陈彦模回忆："钱先生特别重视自制仪器，很多化学实验仪器都是他亲手制作。他告诉我们，自制仪器不仅能准确匹配实验需求，还能进一步启发创新思维。在他的影响和带领下，自制仪器成为我们材料学院的传统，这为取得第一手实验数据打下了坚实的基础。还有一次，为了帮助学生找出分子量实验数据中存在的问题，已经80多岁的钱先生拄着拐棍，在晚上10点钟来到了实验室，指导学生进行实验。这种严谨治学的态度值得我们永远学习。"

另一位曾与钱宝钧共事的梁伯润教授回忆："钱老先生的言传身教让我们年轻人印象很深刻。钱先生非常强调基础研究，他认为创新很重要，只有把基础提高了，才有可能往前进一步。他时常教育我们，对于科研不仅要'知其然'还要知道其'所以然'。有一阵子他在化纤所，要大家学习很著名的一本高分子化学书，并让大家轮流讲解其中的章节以提高大家学术水平……记得一次参加学术会议回来，老先生生了一场大病，他因为疲劳过度得了带状疱疹，头发、眼睛都受到影响，但一恢复他就马上投入研究……我们当时根本就不具备科研的条件，但他还是千方百计想办法。他把那些原来实验室旧的仪器设备、旧的扭力天平、一些光电的小的设备，通过自己改装来测定纤维的收缩，后来慢慢改进成了一个仪器。有时候为了测准一个数据，他会反复测好多次。测量时有很小的峰值，虽然很小，但他感觉它反复出现，肯定有它内在的规律……他的物理很好，有时我们不能很好理解的实验现象，都去请教他，他会反反复复讲得很透彻。"

（二）前赴后继共同奋进

钱宝钧在20世纪70年代提出我国也要研制高性能纤维。在钱先生的影响下，经过几代纺织人的不懈努力、共同奋斗，终于将理想转变为现实。东华大学材料学院胡祖明老师承担了相关课题，并获得了国家科技进步二等奖；张艳秋老师成功研制了高强聚乙烯纤维。1992年，东华大学潘鼎教授领衔承担粘胶基碳纤维研究项目，也就是应用在中国第一种，能从中国本土打到美国本土洲际导弹头上的碳纤维。粘胶基碳纤维的研究困难重重，至 1995 年仍未完成，在全国人大会议上，第二炮兵提出洲际导弹的发射原定“争 7 保 8”，就是争取 1997 年、确保 1998 年要上天，但 1995 年时粘胶基碳纤维仍未研制出来，中国纺织大学（现东华大学）拖了二炮的后腿。当时的纺织部部长吴文英在人大会场就给时任中国纺织大学校长的邵世煌打了一个电话，说：“中国纺织大学出名了，在人大会议上被人提案了，你们的碳纤维项目拖了我们国家二炮洲际导弹的后腿。”在时间如此紧迫的情况下，中国纺织大学材料学院组建了专门的研发团队，大家都放下手上其他所有的项目，全心投入到碳纤维研制中。学校还请回了已经退休的老校长沈光明帮忙，每个月的补贴仅仅只是增加了 20 元，但沈校长却十分认真，对待工作一丝不苟。沈校长那时已经是七十多岁高龄，晚上还是经常工作到凌晨，有时半夜突然间醒来睡不着就到车间里查看，付出了辛勤的汗水。

从 20 世纪 70 年代钱宝钧提出要研制高性能纤维，开始通过长年累月几代人的积累、前赴后继共同努力，我们研制成功了碳纤维、芳纶纤维、高强聚乙烯纤维等。东华大学为国家一号战略武器作出了突出贡献，这是学校所有科研人员集体努力的结果。

三、钱宝钧先生的教育理念和人文关怀

（一）教师的楷模

钱宝钧先生是我国化学工业以及纤维高分子行业的开拓者。在我国的化学纤维研究领域，钱宝钧先生是一个倡导者、一个基础研究者，他培养了一批忠于国家教育事业的教师，如朱介民、李繁亭、孙桐、王庆瑞等。钱老用自己的一举一动影响着周围的师生。作为他的学生，王依民教授从他的“五爱精神”、科研精神、爱国忧民的情怀等方面总结了钱宝钧先生一生为我国作出的突出贡献。钱宝钧先生的精神激励着他的学生和团队成员，激励着还奋斗在东华大学一线的那些教师们，他们依然在为我国的材料事业而奋斗着。李繁亭先生为纺织行业工程上的发展作出了突出的贡献。我国的高速纺丝、多孔纺丝都是李繁亭和中国纺织工业和中石化合作取得的成就。李繁亭每天要从东华大学老校区到火车站赶中午的火车，从上海赶到金山石化开会。李繁亭生前具有无私奉献的精神。东华大学有一个化纤工厂，工厂有一个锅炉房需要烧煤，有一年冬天下雪结冰了，煤里头都结了

冰，运输带运不上去。但锅炉无论如何不能停，工人半夜里打电话给李繁亭，李繁亭披了一件大衣就赶到工厂，不顾个人安危跳下去就把冰块搬出来，十分感人。1985 年的一天，李繁亭早上约了研究生谈他的论文，谈着谈着忘了时间，李繁亭怕赶不上中午的火车，午饭没吃就急急忙忙赶往车站，半路上摔了一跤，这一摔他就再没有起来。

（二）学生的榜样

曾是钱宝钧的学生，如今是东华大学材料学院教授的王庆瑞回忆："我是国内第一届化纤专业本科生，是钱先生动员我报考他的博士，成了第一批国内培养的化纤研究生，并很早开展人工肾透析器等研究。钱老的科学精神无处不在，记得 1960 年在国家困难时期，市场上很难买到鸡蛋，钱先生就在自家院子里养鸡。看似简单的劳动，他引入了科学思维，通过定时控制鸡窝里每日灯光的明暗时间，实现让鸡一天两次下蛋的目的。钱先生身体力行，教育学生要诚实做人、诚信做事。曾经有一名研究生写了一篇有关数学的论文，署上了他的名字，钱先生立即要求去掉，他说：'论文中没有我的设想，没有我做的工作，不可以挂名。'"

曾是钱宝钧的学生，如今是东华大学材料学院研究员胡学超回忆："1990 年，在法国开会关于 PPP 聚合物加工的进展的，当时参会的都是世界上顶尖的学者。本来中国邀请的是钱宝钧先生，他却推荐我代表他去。当时我去了会场，人家看我年轻，没当回事。后来，我在会上报告了我们有关高强高模聚乙烯的研究进展。当时听的人一下子都很感兴趣，觉得我们做得很先进。这使我很感动，把这么重要的会议让一个青年教师去。钱老影响我很多，一个就是对青年教师的培养，不仅'扶上马'，还要再送他一程，自己退到后面指导。在学术上钱先生始终一丝不苟，不允许任何造假。钱先生教导我们做科研要重复验证，不能一出点好的东西就赶紧发表，必须确认无误了才能公开发表。"

曾是钱宝钧的学生，如今是美国工程院院士的程正迪回忆："我在华东师范大学读数学的时候就想，若深造就选择一个与社会联系更紧密的专业方向。当时东华大学的高分子专业在上海很有影响力，在中国也很有地位，不仅钱先生很有影响力的，而且当时整个教师队伍的年龄结构和层次结构也非常合理，每一位老师都有自己独特的研究成果。当时报考的学生都是来自各个专业的，原本一些学物理或学数学的学生，也转来学习高分子。当时我的数学还不错，但高分子知识掌握较少。虽然会问一些非常幼稚的问题，但钱老还是与我很耐心地交谈，启发我、鼓励我。后来，我用数学的方法解释高分子中的特别现象，文章还在《中国科学》上发表了。钱老这种跨学科培养学生的做法，非常具有前瞻性。”

曾是钱宝钧的学生，如今是东华大学材料学院研究员的潘鼎回忆：“钱先生最擅长研究粘胶纤维和人造羊毛这两个品种，他早就看到了碳纤维的重要性，很清楚这些品种是做碳纤维的主原料，非常想往这方面做些研究。后来我考上钱先生的研究生，他把我叫到家中说，你考上研究生很不容易，但我希望你在碳纤维上有所贡献，我都六十七八岁了，希望你们年轻人把这个东西做出来，给学校、为国家作贡献。之后，他还常激励我，鼓励我不断进步。所以当时我很努力，拼命学，希望自己一定要争气。钱先生把这么重要的任务交给我，我一定要把它给做好。习近平总书记说‘中国梦是民族的梦，也是每个中国人的梦’，我觉得钱先生教我们的就是学校要有学校的梦，学院要有学院的梦，碳纤维要有碳纤维的梦。”

曾是钱宝钧的学生，如今是东华大学材料学院教授的王依民回忆：“最让我感动的是，有一个实验，他的好几届学生都没有做出来，后来有一年他的一个学生说他做出来了，钱先生有点不大相信，那时候钱老已经 89 岁了，他说你做实验的时候我过来看，那个学生说一般是晚上做的，于是钱老居然晚上 10 点钟拄着拐棍到他实验室去看他做实验，由此可以看出，钱老对科学研究是非常严谨，非常严格的。”

这样的事例举不胜举，钱老带病科研、自制用具、贴补学生……改革开放初期，学校改造专家楼时缺钱买洁具，钱宝钧自己拿钱出来，还动员家人出钱，给学校买了几十套洁具，后来学校有钱了，要把钱返还给他，他提议用这笔钱设立“五爱奖学金”，并拒绝署名，该奖学金保留至今。受钱老的影响，如今，东华大学材料学院所有的博士生导师都兼职担任本科生的辅导员，每两年轮换，而且“五爱奖学金”的出资人队伍也不断壮大，几乎都是校内的老师，钱老的事迹在东华师生心目中久久难忘。

四、新时期高校的历史使命

（一）求学读书是学生的职责

我们为什么要有大学，大学的目的是什么呢？大学本科是要学常识、研究生要学方法、博士生要扩大视野，要站得高、要创新。我们的教学一直是提倡要德智体美劳全面发展，“德智体”教育是解放初毛主席提出的，“德智体美劳”是全国教育大会上提出来的，我们需要培养德智体美劳全面发展的学生，实际上就是孔子说的“智者不惑，仁者不忧，勇者不惧”。

中国的大学生在大学究竟能学到多少的东西，应该是大学教育中所关注的重点。现在的学生在求学道路上背负着重重压力，大学前的学习从托儿所、幼儿园到小学、中学、高中，学生都在高压下面学习，月考、周考、天天考，该玩的不能玩，课余时间还要进入特长班，堪比一个高压锅。而进入大学之后原来的压力全部没有了，这个压力如果不适当释放的话，就是一锅乱粥。全国有 2 600 多所大学，美国有 4 000 多所大学，但是 2008 年时，我国博士学位授予数就超过了美国，教育质量到底如何呢，值得思考。

学生培养过程中最为重要的是培养学生的责任心，大学生大多已成年。作为一名合格的成年人，要承担自己应该承担的责任和义务，在宏观层面上，要承担民族的责任、国家的责任、社会的责任、法律责任等；在微观层面上，要承担家庭的责任，要对得起父母的养育之恩。每个学生都要认清形势、正确定位，要知道自己上大学是做什么、接下来怎么做。

（二）立德树人是学校的根本

对于人才培养，学校有学校的责任，老师有老师的责任。无论大环境如何浮躁，学校内部应牢记历史使命，实事求是，不急功近利，营造风清气正的小环境。要把学生培养成有理想、有责任、有纪律、讲团结的人。研究生进入课题组开展课题，应该明白做科研是一条很苦的路，应该将“坚持”两个字牢记在心，时刻铭记。如高性能纤维中芳纶纤维的发明人——杜邦公司的卡罗瑟斯，原来他想学医，但学医需要一大笔钱，他没有这个钱，于是便到了杜邦公司实习。实习时他做的是聚合的相关工作。有一天他发现，理论上做出来的材料应该是一个刚硬分子的液晶材料，但是实际做出来的材料却与理论上不同，但他却仍想纺丝出来再看。当他去找人做纺丝时，那人却说这个材料肯定不是液晶，不肯帮他纺丝。卡罗瑟斯便死缠着对方，央求对方帮他纺丝，谁知就是因为卡罗瑟斯的坚持，纺丝后的材料便是 Twaron。卡罗瑟斯发现的 Twaron（芳纶纤维）被用于防弹衣、防弹头的头盔，挽救了 2 000 多个美国大兵的生命。

第八章　服务航空航天事业与责任担当

周洪雷

导语：目前国家经济社会全面发展，国防科技全面提升，特别在空间技术、应用等科学领域实现快速发展。作为教育部重点院校，东华大学依托纺织、材料、服装等特色优势学科，承担国家重大航空航天任务，展现出勇于对接国家战略特需和服务经济社会发展的责任担当，是大学不可或缺的家国情怀。东华大学航天员服装研发设计科研团队作为一支依托本校特色优势学科、横跨材料纺织服装全产业链的协同创新科研团队，"上得了讲台，下得了车间"，始终致力于推动服装产业转型升级，开辟我国航天服装产品的新天地。在"天宫二号"和"神舟十一号"载人飞行任务中，团队承担了保障航天员太空和地面工作、生活的系列专用服装设计研发工作，研究成果受到媒体广泛关注，获得广泛的公众知晓度和社会影响力。

2016年11月10日，关于"天宫二号"和"神舟十一号"载人飞行任务圆满成功的相关新闻备受社会各界的关注，特别是航天服的设计开发引起了人们的注意。东华大学的师生们参与了其中的设计研发。

东华大学的前身是华东纺织工学院，从1951年建校伊始，就带着解决老百姓"穿衣难"的任务，肩负着建设纺织强国的使命，在老院长、我国纤维高分子学科奠基人钱宝钧先生等一批爱国知识分子努力下，筹建完成了我国第一个化纤专业，直接助推实现国家化纤产业化，缓解了我国传统纺织工业原料匮乏状况，克服了"粮棉争地"的矛盾，终结了"布票时代"，解决了老百姓"穿衣难"这一国计民生难题。

即使时代变迁，东华大学服务国家战略的家国情怀始终未变。20世纪70年代，学校开始关注高性能纤维对国家战略项目的重要作用，为碳纤维、芳纶、高强高模聚乙烯、聚酰亚胺等多种高性能纤维的研发奠定了基础。据航天员专用服装系列化设计项目技术总指导、中国工程院院士、东华大学俞建勇教授介绍："从90年代，我国正式宣布开启载人航天工程伊始，24年间东华大学先后完成航天级高纯粘胶基碳纤维、舱内外航天服暖体假人研制、航天员尿收集装置研制、半刚性太阳能电池帆板玻纤网格基板研制、中国航天员专用服装系列化设计等十余项科研任务，并将其成功地应用到了国家头号战略武器研发如神舟系列载人航天工程及'天宫一号''天宫二号'工程中。"

当时担任东华大学校长的蒋昌俊表示："目前国家经济社会全面发展，国防科技全面提升，特别在空间技术、应用等科学领域实现快速发展，作为教育部重点院校，东华大学依托纺织、材料、服装等特色优势学科，承担国家重大航空航天任务，这是高校勇于对接国家战略特需和服务经济社会发展的责任担当，是大学不可或缺的家国情怀。"

在"天宫二号"和"神舟十一号"载人飞行任务中，东华大学服装与艺术设计学院项目团队承担了航天员太空和地面工作、生活的系列专用服装设计研发工作，这两次飞行任务都取得了圆满成功，东华大学太空服装设计研发受到了媒体的广泛关注。我是这次航天员穿着的秋冬常服的主持设计者，从我们完成这项工作的过程可见东华大学对接航空航天国家战略的责任担当。

一、接受任务

2015 年 7 月 31 日，正值暑假期间，东华大学接到北京来的通知，要求学校派人到北京参加一个会议，只知道本次会议有全国多所高校参加，但是不知道会议具体内容，学校选派了服装与艺术设计学院院长参加了这个会议，到会后得知是要为中国航天员设计新的系列服装，但时间紧迫，只有 40 天。这 40 天作为第一阶段，各高校独立设计，40 天以后对设计方案进行评审，评审通过的设计方案将进入第二阶段。

接到这个通知后，在北京开会的当天晚上就开始研究怎么组织这个团队，做好这个航天员服装设计项目。当时分为两种意见，一种意见是认为这是一个很烦琐的事情，时间短，牵涉面太广，弄不好便是出力不讨好，想放弃；还有一种意见是认为这是一个时代赋予他们的一个机遇，因为能够为航天员设计服装这种光荣的任务不是每个学校都有机会参与的，要坚决完成这项为国争光的任务。于是他们立即返校着手准备，8 月 2 号就组建了团队，召开全面动员会。这个项目执行周期比较短，但对服装设计要求很高，航天服跟一般的服装不一样，有特殊的要求。对于航天员的服装设计主要有以下几个方面要求：第一，航天服所处环境不一样，要适应特殊的环境；第二，要防紫外线、防静电、阻燃、抗菌。这是中国载人航天工程进入空间站的建设和中长期的发展阶段一定要做的事。由于设计团队之前没有这些素材，因而对于他们来讲设计方面是一个全新的考验，他们接了任务以后马上组织了设计团队，全面调研，收集查阅了大量国外的航天员服装文献资料作为参考。本次航天任务完成后，虽然大家通过新闻媒体看到航天员的服装只有两套，但实际上他们设计了 30 多套的系列服装。

设计团队在这短短的 40 天中要做的事情很多。首先东华大学要跟其他高校进行 PK 并且胜出，然后才能进行实质性的设计研究工作，因此必须把工作做得细致全面、稳操胜券才行。东华大学组织的设计研发团队总指导是俞建勇院士，项目总负责是李俊教授，下面分成四个设计团队。第一个是服装设计团队，下面再分四个设计方向。第二个是服装工程设计团队，主要是要考虑到服装的舒适性，因此必须有服装工程的专家教授参与团队。第三个是视觉传达设计团队，他们就把由彭波老师主导的形象设计人员组建起了一个团队。第四个团队就是要做丝绸、纺织品的设计，做丝巾、领带，就由汪芳老师组成一个团队。组建团队的过程中克服了很多困难，所有事情都要服从本次设计任务，如服装设计团队，当时 8 月初正值暑假，很多学生已经放假了，有一部分已经开始暑假实习，他们就一一联系同学，迅速地把队伍组织起来。当然，参与设计的学生也非常高兴，感觉这是一项十分光荣的任务。

航天服的要求分为在轨服装和地面服装。在轨服装就是在“天宫”空间站上要用的，所以说有功能性的要求，带有款式色彩的要求，这方面是一个设计难点。另外地面服装种类多，有 15 种，大概算要在 40 天内完成将近 3 400 个服装款式的设计，可见，设计工作量相当庞大。

最终，航天员专用服装系列化设计项目由中国工程院院士、东华大学俞建勇教授担任技术总指导，团队成员包括服装设计学科刘灿明、倪军、边菲、翟佳与我，服装工程学科王云仪、杜劲松、李小辉、夏明，视觉传达设计学科彭波、施晓黎，纺织品设计学科汪芳等老师，以及相关学科的部分博士生和硕士生。

（一）组建团队

接受任务后，他们要做的第一件事是组建团队。服装设计工作是一个复杂的系统工程，该系统工程除了服装设计，还包括一些性能测试、3D 试衣系统、样衣制作等工作，整个工程设计量比较庞大。当时他们把工作组分为七个小组，其中一个小组的第一个事情就是专门去找有关于航天员的服装资料。他们首先是通过公开的网络查找，发现查到的资料中一些服装上的结构不是很合理，第一是设计比较累赘，比如口袋就比较累赘；第二是不太合体，松松垮垮的；第三是用的材料不是特别好。为了更好地提高设计水平，设计团队到航天中心现场与航天员进行了互动，了解他们对于航天服装的诉求都是什么。

（二）调研设计

东华大学设计团队去了中国航天中心，实地测量了一下航天员的工作空间，大概只有一米五的长宽，是一个正方形。对于航天员来讲这个空间是比较窄的，累赘松垮的航天服它不适合这种比较小的空间，所以在设计上面要重新考虑。

中国航天员服装如何体现中国元素，是他们必须考虑的一件大事。8 月 5 日下午，在讨论设计方案时，研究团队准备分三个系列来做。一个是中国的力量，一个是中国的精神，还有一个就是中国的道路，围绕这三个主题来构思设计。“中国精神”采用了一些具有中国元素的回纹、云纹、飞天作为设计的切入点。“中国力量”，通过选用科技功能性的面料来体现，或者像军人制服一样。“中国道路”是用大色块来体现。最后全国高校只剩三所高校参与竞标，分别是东华大学、北京服装学院和西安工程学院，最后这三家再继续进行 PK，竞争异常激烈。

设计方面需要考虑的因素有很多，第一是要考虑到航天服要适合不同的环境，并且它是在一个比较窄的空间站来使用的；第二它对面料的功能性提出要求，要有防紫外线、防静电、阻燃和抗菌等功能，这些问题由团队服装面料方面的师生去实现；第三基于之前的航天服比较单一，但是航天员要被带到太空，到空间站去，在那里待的时间比较长，甚至长达一年以上，为此，设计团队也要为航天员们准备一个太空衣柜，这个太空衣柜要富有创意、有吸引力。

在出征服的设计上，设计团队首先借助了一些礼服的元素，例如袖袢、肩章等，做了很多装饰性的物品，主要想表现航天员英勇的风采。后来他们感觉这些东西太累赘，不太符合航天员出征服的要求，又将国旗的元素放在出征服上，但是后面这一设计没有被采纳。在春夏款和冬款的出征服中，肩膀采用了回纹的设计元素，并且还在航天服上设计了一些功能性的内容，例如地带，上面是魔术贴材质，因为在太空里有一些工具带要贴在上面，魔术贴便于航天员工具的固定和拿取；其次，它的鞋面跟鞋底下面有一个钩子，便于航天员勾住太空舱的固定点，不然人很容易就会飘起来，但是后来这些方案没有通过。主要原因是，设计师们对于失重的概念不太了解，设计了过多的地面服装。于是他们专门找了航天员来了解情况。航天员讲到，衣领的角不能设计成尖的，要不然在太空上衣领会竖起来，会戳到人，因此衣领的角要设计成圆的。这是设计师们在地面上无法感受到的。对于裤子的设计也是有要求的，裤子设计的都是连体服，而不是在地面上穿的分体服，因为在太空上地面对裤腿没有引力，穿裤子两个裤腿是翘起来的。

9月20日提交设计稿以后，经过六次答辩，东华大学设计团队最终成功拿下了这个项目。因为六次专家答辩面对的都是不同的专家，并且专家们对航天员的服装设计期望很高，提的意见和要求也很多，每次都需要重新设计，能够拿下这个项目，是非常不容易的。

二、中国元素

设计团队共拟定了三个设计思路。

第一个思路是中国精神，设计师们将它画成一个图。最初设计第一关的时候，分了很多团队，房间小，无法及时沟通产生了很多分歧。后来他们把所有的设计稿放在墙面上讨论，发现设计稿缺乏整体感，服装与服装之间没有联系，所以后来设计师们就将春夏秋冬的元素融入其中。

第二个思路是中国道路。航天员们在地面上训练时穿的是分体服设计，它跟太空服唯一不一样的就是有一个分割线，不是连体服，为什么这样设计？因为在地面上航天员训练的时候分体的裤子穿起来更加方便。

最后一个思路是中国力量，也就是后来人们在媒体上看到这一款。

此外，设计团队为航天员设计了一些运动服，这些运动服是在空间站中穿的，因为航天员在空间站有时候会停留三个月以上，肌肉容易萎缩，航天员们在空间站中需要跑动锻炼，所以专门为他们设计了一系列的运动服，帮助他们运动排汗。

本次服装设计的特别之处有：第一，时间跨度比较短，设计工期一共40天，对设计团队来讲是一个极大的挑战；第二，航天中心对这次服装设计期望值很高，设计的数量是设计团队众多科研项目中设计数目和款式最多的；第三，本次航天服设计参与的人员数目是最多的。

本次项目是东华大学优势学科的体现，项目所牵扯到的服装设计、服装工程、纺织面料等，都是东华大学的优势学科，只有学科交叉，才能把这个项目拿下来。

三、背后的故事

（一）科研攻关：横跨材料纺织服装全产业链的创新团队

制作一件普通成衣往往需要经历调研、企划、造型设计、原辅料采集与结构设计、工艺开发与样衣试制等十多个环节数几十道工序，而在复杂的太空环境，航天员服装对于功能和品质的要求会更高，专用服装的研发设计几乎要跨越整个纺织、服装、产品设计、材料等多个学科和全产业链。据东华大学航天员服装研发设计团队负责人、服装学院院长李俊教授介绍，高校承担这样的复杂任务有着独有的优势，尤其是东华大学，依托纺织、服装、艺术设计、材料等特色优势学科，以及坚实的校企合作基础，组建了一支集合自然科学与人文艺术、工程技术与创意设计领域的跨学科航天员服装研发设计团队。

全系列航天服及配饰的款式、颜色、图案、质地等不仅彼此之间要相互匹配，还要与舱室环境相融，在体现中国特色文化元素和时代特征的同时，体现航天员群体的职业特点和精神风貌。不同类型服装各具功能，有的能够帮助航天员对抗在长时间太空飞行中由于失重导致的肌肉萎缩；有的能呵护航天员，调节他们的情绪和心情；有的可以根据舱内光线环境，从而进行摄影、摄像和图像传输，可谓是“一样菜必须满足百家胃”。

1. 校企合作无缝对接

面对有时甚至互相矛盾的任务需求，科研团队直面挑战、刻苦攻关，不断提升将艺术设计与工程技术相结合来解决重大系统问题的能力。航天员服装因为其特殊性，小到纽扣大到面料都需要定制模具进行打样，非常费时，但任务的紧迫性又不允许团队按照常规工序进程推进。团队的倪军、边菲副教授为训练服大衣的毛领进行设计打样，从选料、染色再到定皮定版，通常需要1个月周期的任务要紧缩在5天之中实现。这时良好的校企合作关系就发挥了大作用，学校联合企业不计投入，腾出生产线专门为航天员服装项目彻夜开工。

2.“上得了讲台，下得了车间”的团队

航天员服装采用连体服作为整体造型，需要较大的活动自由度并兼顾美观合体性，本身对于工艺结构方面的要求高。团队王云仪教授和杜劲松、夏明、李小辉等副教授根据人体肢体活动功能的规律将服装分解为多个设计区域，针对各个区域的特征进行分区设计，反复修订板型弧线角度，以达到肩部、腰部等各部分尺寸之间的平

材质配色设计

衡。在连续几个月的时间里，团队老师们每天的工作时间经常超过 18 个小时，晚上进行设计仿真确定设计和工艺方案，白天守在工厂进行打样，工厂的师傅们都笑称他们“上得了讲台，下得了车间”。

3. “克克计较”的“教授裁缝”

不同于普通服装，进入“天宫二号”空间实验室用于保障航天员健康的运动锻炼服装对舒适工效等功能要求特别高，每件衣服重量误差超过 1 克就为不合格，特殊部位的尺寸误差超过 2 毫米就要返工，要满足所有的技术指标要求，不仅仅是服装艺术设计领域，更需要工程技术学科力量的加入。“航天的东西可丝毫都不能马虎”。李俊介绍说，因为航天任务对产品的可靠性要求，团队花在测试和风险控制上的时间要远远多于正常任务的时间。团队依托高校科研优势，分别在美观性、舒适性、防护性、工效性等工程化测试平台中模拟各种场景和突发状况，对航天员专用服装进行了上千次各类整体和局部测试，慎之又慎地力求精准地完成每项工作，更加注重服饰细节对整体状态的影响。严格的质检要求，让教授们亲自上阵踩起了缝纫机、站在了烫台前，对每一根缝迹线都“丝丝入扣”“克克计较”。团队王云仪教授说，“看到‘神舟十一号’航天员出现在电视上的画面就很激动，感觉航天员穿着我们亲手设计和缝制的服装特别神气，能够为他们度身设计、量身定制，感觉‘天宫二号’离我们特别近、特别亲切。”

服装工艺实现

4. 在地面研发太空衣只有靠创新

服装在太空中呈现自由漂浮状态，现有的地面状态服装实验设备不能满足航天员专用服装项目研发需求，为此团队专门设计建成“着装失重感觉模拟舱”，可以在地面模拟测量航天员在失重操作状态下服装的表现及航天员的生理响应、心理感受。那么如何尽可能仿真太空失重环境呢？减小摩擦力、消弭方向感，让受试者能够自由滑动模拟漂浮是关键的一步。团队李小辉副教授尝试了石材、塑料等材质，通过多轮组合测试，最终筛选出表面性状及可加工性均完全符合技术要求的钢化玻璃来搭载头低位万向轮滑动小车。李小辉亲自穿上专用服装，连接上各种生理参数监测传感器，躺在小车上自由运动旋转，测试模拟失重条件下专用服装的各项技术表现。“相

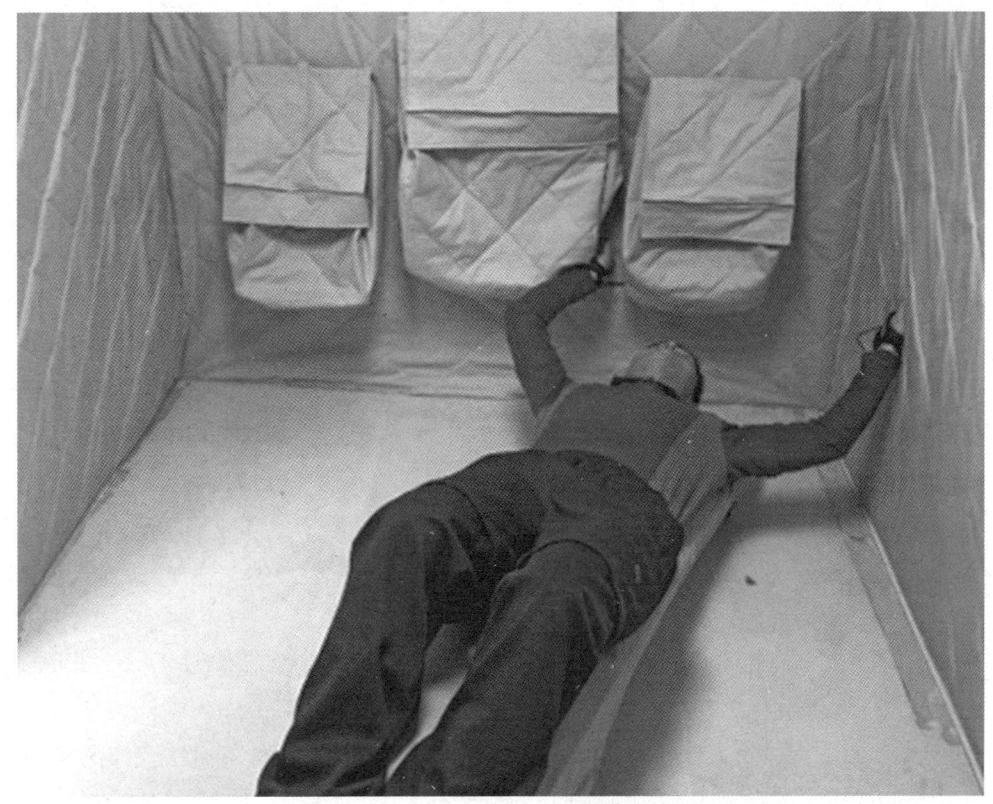

着装失重感觉模拟舱中人体动作捕捉分析

当于把天上的任务先在地上进行演练，把问题发现、解决在地面。”李小辉说。

（二）科技＋时尚：“东华设计”助力打造中国航天员新形象

10 月 16 日上午，在“神舟十一号”载人飞行任务航天员与记者见面会上，景海鹏和陈冬两名航天员身着东华大学航天员服装研发设计团队研制的秋冬常服帅气亮相，“东华设计”伴随航天员们踏上征程。

中国的解放军、武警、公安、民航等，都有代表自己职业形象的服装，职业服装在不同季节、不同场合、不同角色有所变换，从里到外塑造着特色鲜明的群体形象。提起航天员，人们的脑海中首先浮现的便是包覆于厚重硬挺的宇航服中在浩瀚太空中缓慢移动的形象，回到地面，无论春夏秋冬，英武的中国航天员们总是以一款灰蓝连体长袖服装出现在公众面前，据悉，他们例行工作、任务训练时也同样穿着这样一套服装。

承载着中国精神和中国力量的航天员需要怎样的着装，塑造怎样的外在形象，才与中国令人振奋和期待的航天事业相匹配呢？东华大学航天员服装研发设计团队设计研发了保障航天员太空和地面工作生活全过程的系列专用服装,其中,既包括航天员在轨工作生活的工作服、锻炼服、休闲服、失重防护服、睡具等,还有常服、任务训练服、专用服饰等地面任务服装等数十几个种类,这些专用服装不仅要确保实现多项特殊功能,还要融入中国特色设计元素,为航天员增添时尚气息。

(三) 科技+时尚:解密太空人的"穿衣经"

中国航天员专用服装是以功能性和工效性优先,兼具美观性的多功能服装,东华大学航天员服装研发设计团队在设计上紧扣"飞天梦"和"中国梦"时代主题,无论是面辅料、色彩图案,甚至服饰细部缝迹线都融入了中国特色时代元素,展现中国航天员作为中国梦的太空筑梦人和守护者的美好形象。

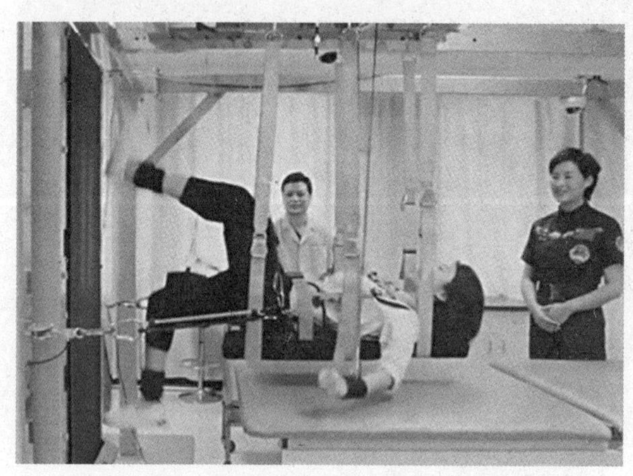

航天员刘洋身着东华团队设计研发的中国航天员夏季常服亮相,讲述太空跑台运动相关科学知识

特别是此次执行"神舟十一号"飞行任务的航天员穿着的秋冬常服,服装一方面突破以往单一用色模式,在天空色湖蓝基础上加入象征地球天际线和外太空色调元素,深浅明暗的变化搭配,让服装看起来更立体饱满,更有层次感;另一方面,工艺上多以立体直线条为主,前肩隐喻航天飞行轨迹的"S"形弧线与前胸象征胜利的"V"形直线拼条呼应,呈现粗细曲直和谐之美。男款服装展示中国航天员威武庄重,女款服装展现中国女性飒爽英姿的同时也突出了东方女性的柔美气质。

我们设计研发的夏季常服,由执行"天宫一号"与"神舟十号"载人飞行任务的女航天员王亚平穿着首次亮相,在9月1日晚央视的《开学第一课》节目里讲述我国载人航天工程计划实施过程中体现出的新长征精神。9月25日晚,中国首位女航天员刘洋也身着该系列常服在央视节目中讲述载人航天相关科学知识。

除了服装本身,航天员佩戴的一些服饰徽标,以及领带、围巾都在设计任务之列,并且所有的服饰用品的设计都要依据服装的色彩和造型进行系统规划。其中,航天员荣誉徽标的主线条犹如在湛蓝宇宙中的航天器飞行的轨迹,给人以向上奋飞的动感，五角星的数量表明了佩戴者执行载人飞行任务的次数。一年来，彭波副教授领头的徽标设计工作组、汪芳副教授为主的围巾等配套航天文化产品设计工作组，已分别在视觉传达设计和纺织品设计领域为航天员服装增色添彩，他们通过航天员专用服装这样的综合载体，用艺术设计彰显“飞天”的内涵与风采。

除了地面任务服装外，航天员进入太空后穿什么？除了发射和返回阶段，航天员在天空实验室都将根据工作任务的不同阶段和场合换上不同类型的专用服装，开展在轨工作、生活和运动。我们设计研发的中国航天员在轨运动锻炼服装、非工作日休闲服装等成果，在“太空 180”大科学试验中得以应用，并在 9 月 15 日已搭载于“天宫二号”进入太空，静待“神舟十一号”搭载的航天员前来取用。为保障航天员正常工作与生活健康，航天员的太空实验室任务类服装看似平常，实际上也是大有讲究的。

以此次东华大学航天员服装研发设计团队刘灿明副教授主持设计的运动锻炼服装为例，由可拆卸组合式上衣与裤装构成，用于航天员在“天宫二号”空间实验室进行“太空跑台运动”“骑自行车运动”。在设计运动服时，既要在服装结构上满足失重状态下航天员肢体运动的动作变化和舒适度要求，又要兼顾狭小空间实验室内的视觉感受。最终，该系列运动锻炼服依据失重着装感觉模拟舱中视觉心理学实验分析结果，采用了不同纯度蓝色色块匹配使用，动感的线条分割符合人体工学，衣摆、袖口、裤口宽松度都可以自由调节，衣袖、裤腿可自由拆卸组合，特殊针织面料具有良好的热湿传递性、接触舒适性、卫生清洁性能，让运动锻炼服既符合功能科技要求，又具有时尚外观设计，成为“太空酷跑服”。

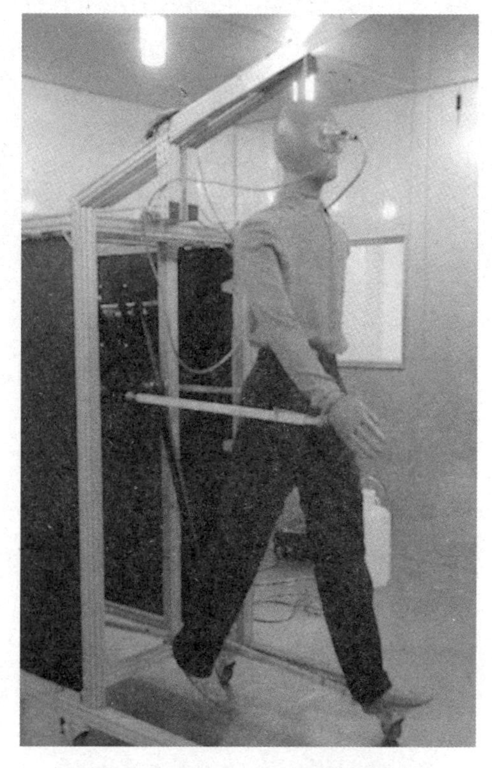

着装状态仿生假人生物物理学模拟

为了测评验证运动锻炼服的热湿生理舒适性、肢体运动时的工效性等指标，结合前期的中国男性人体出汗分布图谱等服装生理学基础科研成果，团队还给仿生出汗假人穿上了运动锻炼服，进行各种模拟运动状态下的生物物理学测评分析。除此之外，团队结合“产学研”开发了具有航天员人体测量学特征的专用人台，在专用服装设计过程中替代航天员进行美观合体度等方面的验证评价，实现了航天员服装的远程定制研发。

(四) 过程中遇到的难题

在接到任务后，团队中有一位学生实在承受不了压力就中间退出了。但是其他成员不能因为一个人的退出就不做。因为时间紧任务重，7 月 31 日接到通知，9 月 20 日就要申报。另外一个重要的是因为签了保密协议，设计航天服的事情当时是不能对同事、家人、朋友讲的。此外，当时团队中有一位学生已经工作了，因为团队的需要，他排除万难，推迟一个月再去上班。还有一个小组中的三名学生因时间、地点不同，所以他们不是同时设计的，有两名学生在国外，还有一个学生正好也在工作，要推迟上班时间，然而他们三个人还是把这个事情顺利完成了。

设计团队有一个老师要动手术，他在动完肾结石手术后的第二天就克服困难继续加入团队。

在 40 天的准备中，经历了 6 次答辩，反反复复 12 次的设计，共设计了 3 000 多套，设计中融进了中国精神、中国力量，中国理念。但是作为设计者，我个人认为它还不是最好的，需要团队进一步改进。这也鞭策着团队的设计人能够再创佳绩，为中国的航天事业作出新的贡献。

（部分资料来源于新闻报道。）

第九章 “一带一路”与中国发展

严诚忠

导语：“一带一路”倡议是国家在新的世界格局中提出的合作倡议，旨在积极发展与沿线国家的经济合作伙伴关系，共同打造政治互信、经济融合、文化包容的利益共同体、命运共同体和责任共同体。本文主讲者通过回忆自己赴英国、加拿大、澳大利亚等国家求学工作的经历，并结合当下经济社会发展现状，分析我国在世界形势中的发展优势。勉励当代大学生抓住“一带一路”机遇，把个人发展融入国家、社会发展，在“一带一路”中找到自己的角色定位，从而为国家发展和民族复兴作出贡献。

一、融入改革开放潮流，赴英求学工作

我知道今天大家都在不同的专业，但是有一点是肯定的，就是我们正站在一个新的历史起点上。随着国家主席习近平提出的“一带一路”倡议的推进，我们传统所学的专业知识，所形成的专业体系，实际上都面临创新发展问题，必须要适应新的国际国内形势，特别要有为我们的国家战略服务的志向。

我今年已经73岁了，按理说在家里面打打牌、休闲休闲，安度晚年，也应该可以过得去。但是，我曾经学过一个专业叫人力资源开发与管理，我是在西方国家学习研究生层次的人力资源开发与管理的第一个中国学生。当年中国和英国政府有一个合作项目，因为香港在12年以后即将回归，英国政府为了向中国政府示好，所以就帮中国培养1 000名中青年知识分子，可以涉及英国跟中国共同感兴趣的各个学科领域，每年100人，该计划覆盖10年。我是被中国政府推荐，并通过了英国政府考核的第一批学员。我们当时被选中以后，主要是参加一段时间的政治集训，因为当年还没有提出“港人治港”，所以有很多人被暗示：“以后你们也许会去参与香港回归，香港12年以后回归的话，你们可能会参与香港的建设，所以这次党和人民送你

们到英国去留学进修，希望你们不要辜负国家的期望。”

1986年初，经过了两三个月的政治集训，集训内容主要是让我们树立爱国、爱人民、爱党的意识。然后，我们接受英国政府的选拔，因为每年的名额是100名，所以候选人有120—130人。后来才知道英国政府选拔学员的条件原来很简单，只是从技术角度来选拔，就是让我们参加一个考试，这个考试当年叫ELTS，后来叫IELTS，就是现在的雅思考试。

今天，我们很多人都知道雅思考试，但大家是否知道，这个考试首次在中国开考是1986年的4月份？当时的考试的考卷有两份，有一份叫Natural Science，也就是自然科学卷，另一份叫Social Sciences，就是社会科学卷，我当年是上海社会科学院外向型经济研究所所长，正好40岁。

参加考试之前不知道考什么东西，组织方通知我们做好考三个小时的准备，下午还要面试。后来一考才知道，这个就是雅思考试，第一次在中国开考，大家事先也没有准备，也不知道他考什么，反正当年稀里糊涂就去做三个小时考卷而已。所幸我大学本科念的是英语专业，粉碎“四人帮”以后，我是上海社会科学院首届研究生，学的专业是工业经济与管理，还经常做口译工作，所以把经济跟外语结合在一起，练就了较好的英语水平。

所幸考得比较好，居然是全国第一名。说出来难为情，这个全国第一名只不过6.5分。但面试环节，我拿了9分，因为我在社会科学院长期当翻译，所以口语还是可以的。我记得给我面试的人就是当时英国驻华大使的夫人，是牛津大学的博士，她说在她面试过的几个人当中，我是最好的。因为出色的表现，我马上就接到英国政府的通知，给我去选择英国任何一所大学的权力。我说不要选，要么剑桥要么牛津随便都可以，他们问我，你要学什么专业，我说我要想学人力资源管理与开发，这是当年全球刚刚兴起的新学科。

英国政府机构帮我联系了三个月，说很抱歉，剑桥、牛津里面既没有这个课程，也没有这个课程的专家，问我说要不然换个专业，比如经济学、管理学等。如果我一定要学人力资源管理的话，建议我进入英国排行第五位，欧洲在人力资源管理方面最好的大学，叫华威大学（University of Warwick），它的位置在考文垂。

我当时犹豫了一下，但因为我喜欢标新立异，我要是学其他专业，中国人也早就有学习过了，但是在1986年的时候，中国还没有人知道什么叫人力资源管理，也没有人力资源这个概念，美国也刚刚开始研发Human Resource Management and Development，英国连剑桥、牛津这样的名牌大学都没有人力资源管理课程，所以华威大学我觉得还是比牛津跟剑桥来得先进的。于是，我就选择了华威大学。

我在华威大学待了一年，学完了研究生应该有的课程，完成了 Presentation，也完成了祖国所交给我的学习任务。但是英国人发现我 Very Brilliant，为什么？仅在于同研究所、学院，校领导沟通交流多了点。有时候一个人是否优秀，并不在乎你是否真正优秀，而在乎别人是否了解你以及在同类人当中是否有人超过你。

当年我们国家选拔人才的标准就是，长期以来不声不响、踏踏实实埋头苦干、不计报酬。所以其他各省市，从各行各业所选出来的早期公派到英国去的人当中，虽然也通过了雅思考试，但是老实讲他们外语水平比较一般。

英国校领导也希望和我们中国人多交流，培养中国人对英国的感情，但是当时所选派的学者，就是只想把自己所从事的学科水平稍微提高一点，所以他们跟校方的领导，跟老师的沟通交流都是相当有限的，就更不要说与社会的交流了。倒是我，反正学的是人力资源开发与管理，学的是硕士课程，而我十年前就已经拿到硕士学位，所以我觉得也不太吃力，而且我也喜欢跟人家交流，并取得良好效果。

我在去英国之前是上海社会科学院第一个有经济学硕士学位的翻译，凡是对外的学术交流，院领导总是叫我做翻译，我开始做得一塌糊涂，但是有一句话是蛮对的，叫做熟能生巧。实践助人进步，因为有这么一种工作上的便利，语言能力与涉外交际能力比较强，英国人对我很赞赏，因此他们就邀请我留下来再工作半年，帮他们建立 China File，因为他们研究的世界的人力资源开发与管理就是缺少中国的选题。他们收集大量的中国的资料，有记者报道的，有中国政府向外发布的，关于中国人力资源管理、劳动法、劳动纠纷等一系列的文献资料。因为各种人的角度、立场不一样，不了解中国的华威大学研究人员判断不准这些资料到底有没有研究价值，所以叫我帮助他们，把这些大量的资料进行筛选，进行分类，有价值、没价值、可能有价值，分类清楚。有的用英语的，要帮他写一个摘要，有的文献是中文稿的，那么要帮他翻成英文。

我当时做的事是兼职，所谓兼职就是每个礼拜的工作时间不能超过 20 个小时，否则就犯法。由于我的签证、身份受限制，学校付我每个月 600 英镑的工资，600 英镑是什么概念？当年我们在英国留学，开头一年国家给我们每个月的生活费是 260 英镑。当然还可以过日子，但是其他留学生可能不清楚，我因为研究人力资源管理，对英国的《劳动法》很清楚，20 世纪 80 年代的英国贫困县，一个有工作的人如果失业了，他的社会保障的底线是 400 英镑，所以我们政府给了我们 260 英镑，但是凭良心讲也是苦日子。英国人叫我留下来工作，经社科院与大使馆批准，我就干了半年，每个礼拜不能超过 20 小时，每月还有 600 英镑工资，当时我感觉到心情非常舒畅。

二、放弃在外优厚待遇，回国发展

在去英国的时候，社会科学院领导为我送行，摆了好几桌酒，说你一定要学成归来，报效祖国。我当时也慷慨陈词，讲了很多有气概的话，所以无论如何我也要回国报效祖国！但是，正当我计算何时返国之际，1989 年 6 月北京发生了政治风波。

一时间，在国外的国家公派学者或者留学生都会有不同形式被示好，我因为跟学校领导都很熟悉，所以从校长开始就向我表示，说你不要回去，你在我这里继续做两年研究，我们给你 22 000 镑的。这是我这辈子第一次有一大箩钱放在面前，但是我想来想去，祖国的改革开放已初见成效，且出国前领导同事对我热忱期望，现在不能为了一点钱就见利忘义。所以我把他给我的合同书原件，寄给上海社会科学院的党委。我跟社科院党委说清楚，如果你们认为我应该回来你就把这个合同撕了，不要寄回给我，我就跟英国人婉言谢绝；如果觉得我可以继续在英国深造两年，我就用 22 000 镑的其中一半购买紧缺的图书资料，为社科院，我愿意作这个贡献。但是社会科学院领导跟我讲你还是回来，所以我就在 1990 年初回国了。跟我同时选派到国外留学的社科院的有大概九个人，按时回来的只有两个，我也是其中一个，所以我是属于表现比较好的，《解放日报》刊登了的一篇文章，叫《激荡中国心》，说我怎么爱国，实际上除了爱国，还有一些类似于父母年岁大了，小孩刚要考大学，跟同事之间关系都很好等因素。我想我的事业毕竟在祖国，“以后出国机会多得很”，于是我就回国效力了。

三、加拿大约克大学授课，领悟高等教育思维

回国以后，社会科学院的领导对我非常赞赏。因而我又得到了一个机会：加拿大一所名牌大学——约克大学对我发来邀请，让我到加拿大去当半年客座教授，教一门叫“当代中国政治、经济与管理”的课程，给我的报酬非常高，每月 6 500 加元。当时社会科学院领导也很支持我，所以，1990 年我就在加拿大约克大学当了一学期的客座教授。这个西方名牌大学，它对学生的培养、对学生的造就，在我脑子里面产生了一种震撼效应。因为在华威大学我只不过是一个研究生、一个访问学者，在研

究所做点文字工作，并无教学任务，至多做些讲座，但是我在约克大学是客座教授。我了解他们的教学理念与对学生的要求以后发现，先进的人才开发理念，尤其在高等教育阶段这个关键阶段，对人才的培养实在是非常关键。

当时的约克大学，是加拿大排名前五的大学，这个大学有一个美丽的标签，我刚刚去他们就跟我介绍，约克大学是加拿大政治家和外交官的摇篮，后来我在那边工作跟其他大学的同事交流，我觉得就类似我们中国人民大学，是培养政府官员跟外交人员的。

我去的时候学院领导跟我有一个短暂的交流，他让我弄清楚这个学校的核心理念，对学生，要培养他们有四种思维。后来我从加拿大回来以后也进入高等教育领域，在华东理工和东华大学工作，这四种思维陪伴了我将近30年的教学生涯。

第一个思维，叫做 System thinking，系统思维。高等教育如果不培养学生有系统思维的话，那学生只不过是知识青年，而不是知识分子，高等教育是造就知识分子的，知识分子跟知识青年的本质区别在于知识青年缺少一种系统思维，知识分子一定是有系统思维的，也只有这样才能够称得上知识分子。

第二个思维，叫做 Critical thinking，批判的思维。这个批判的思维我真是感受非常深，因为我到那边去上课，上这门课我是主讲教授。这门课一共34次课，我要面对28个加拿大的即将本科毕业的学生，还有两个旁听生，一个硕士生，一个博士生，我替他们指定了两本教科书，还有两本可参阅的书，其他书随便你看。我报到以后，学院秘书跟我讲，你所指定这四本书我们都已经按照你的指令都已经发到每个学生的手里，你如果开始讲哪本书，或者开始用到哪本书，记住，你必须要讲清楚这本书的缺点，它的不足之处在什么地方。我当时一听觉得奇怪，我也在国内从小学生念到研究生，老师讲教材，总归讲这本教材好在哪里。我从来没有听到过一个教授、一个老师讲他选定的教材，缺点在什么地方。这就是批判思维之所在，我觉得这一点真的是我们高等教育所缺少的，所以我当年在华东理工大学商学院时，也跟老师说，你选用哪本教材，如果你能做得到，就跟你跟学生讲这本书的缺点、不足之处在什么地方。这样讲了以后，实际上就是培养学生不要唯书本论，要有一种批判的眼光。国外在培养大学生时是非常重视这一点的，而且落实到每一个具体环节。

第三个思维，叫做 Practical thinking，务实的思维。就是你做任何事情都要想想看它有没有效果，是不是可行，是不是受人欢迎。你自己想得非常好，人家听了以后不咋的，这种就属于可做可不做的事情，这样的事你不必去做，更不必努力去做，因为人的精力是有限的。所以你必须要有联系实际的务实的思维。

最后一个叫 Creative thinking，就是创新的思维，你只有务实了以后，你才知道社会现实当中的缺点在什么地方。现在我们讲创新驱动，每个大学都在鼓励学生要创新。让学生创新，首先要让学生深刻了解现实，要积极探索发现问题的成因何在，要在解决这个问题的过程中创新。创新就是你知道人家怎么做，我通过认真策划要跟人家不一样。但是我们中国人的传统思维一般是，人家怎么做，做得蛮好的，我也这么做。人家的成功之路不等于你的成功之路，所以在市场环境中要想竞争取胜，只有靠创新与合作。

在境外执教过程中，我发现他们的师资队伍让我感觉到非常奇怪，加拿大约克大学，给本科生上课的老师就像一个小的联合国，来自世界各国都有。而且我也曾经被邀请去相当于我们的继续教育学院，或者叫成人教育机构进行教学。我发现即使在成人教育这样的机构，他的师资队伍也是来自世界各国的。这就有利于培养能理解多元文化的全球化人才。

2013 年，习近平总书记提出“一带一路”倡议也对此有考虑。2014 年，作为全国人大代表，我在总书记在场的情况下发言，我说“一带一路”也好，自贸区也好，现在开了一个好局。但是，以后要进一步推进“一带一路”的话，我们将碰到的最大瓶颈就是人才问题，我们的高等教育并不培养服务于“一带一路”和自贸区发展的专门人才，我们要重视人才的“供给侧结构性”改革。我讲这个话时总书记没表态，但是我发现他在点头。结果到第二年，习总书记在上海代表团讲话。听后，我觉得这是对我去年发言的一个很明确的回应。他说我们高等教育发展非常迅猛，中国现在受过高等教育的人数已经达到 1 亿 4 000 万，全世界没有一个国家有这么庞大的群体接受过高等教育，我们有工程技术人员超过 1 亿，但是我们现在最紧缺的是“具有全球视野和能力的人才”。我们的大学，有很多核心课程、很多重点课程，但没有一个课程是帮助你树立全球视野，同时提升你的全球能力的！我们要重视习总书记的期待。

四、世界竞争与发展格局中的中国优势

1. 国内市场

在全球化的过程当中，从经济角度来讲，因为以前所谓战争，就是枪炮打来打去，现在真正的战争是没有硝烟的，在经济战中，中国这个优势已经建立起来了，就

是我们国内市场。我有幸有四年在中国以外的地方工作、学习、生活、旅游，我到过世界上 62 个国家和地区。我每到一个地方就尽量跟他们交流，拿它跟我们中国现在的状态进行比较，我发现全世界没有一个国家，他们的国内市场可跟中国的国内市场相比。国内市场有三个要素，中国都有，第一个要素叫人口，人口的数量；第二个是可供支配的货币收入的增长；第三个就是他现在的消费水平跟他期望的消费水平的差距。

2. 基建与制造能力

改革开放 40 年了，40 年前跟现在相比，中国的变化是翻天覆地的，也是世界所罕见的。最根本的变化在两个地方，一个是制造的能力，还有一个叫基础设施建设。这两样东西，一个是制造业的能力。中国是世界上工业门类最完善的国家，虽然我们精细制造业的水平不高，但是我们门类非常齐全，没有一个国家可以跟我们比。另一个是我们的基础设施建设，那是世界第一。全世界所有的港口，70%的港口机械都是中国制造。中国在建设高速公路、高铁，挖隧道，造桥铺路方面的能力绝对是世界上名列前茅的。我到过很多国家，最典型的一个是塞尔维亚，一个是斯里兰卡，一到斯里兰卡，有两个朋友跟我说，明天你无论如何要坐车走走我们国家唯一的一条高速公路，就是中国人帮我们建造的，从科伦坡到机场，24 公里的高速公路，成为了斯里兰卡人的骄傲。塞尔维亚的人跟我说，我们塞尔维亚，是巴尔干半岛当中唯一拥有四条高速公路的国家，有的国家连一条高速公路都没有，他们公路只有两车道。我说你这个高速公路都是我们中国人帮助建的。“所以我们和中国人是铁哥们”。

3. 人民收入迅速提高

1990 年初从英国回来，过了 28 年我再到英国，发现伦敦几乎一点变化都没有，就多了一样东西，因为要搞奥运会，所以伦敦沿着泰晤士河搞了一个伦敦摩天轮 Eye。我拿出 28 年前的照片跟我第二次去拍的照片比较，如果不拍伦敦眼的话，在伦敦其他几个主要景点拍的照都一模一样。我 20 世纪 80 年代在英国的时候，工资只有 200 多块钱，我当时是副研究员，就相当于副教授，又是正处级。而我在华威大学人力资源研究所的一个同事，他评上讲师已经十年了，他的收入在税前是 2 400 英镑，除掉税是 2 100 英镑稍微不到一点。时隔 28 年，现在华威大学里面工作满十年的讲师，他们的月收入在 2 500 英镑左右。

我在巴西、阿根廷、智利了解他们的收入，他们跟我说从 70 年代就拿这些钱，现在他们还是这些钱。我在拉丁美洲去了六个国家，墨西哥、古巴、巴西、阿根廷、智利、秘鲁，我凡是了解过的能够讲英文的人，能够从他们那里了解到每个月工资最高为8 500块人民币，除了古巴以外，其他国家收入最低的月收入只有2 000人民币。另外在中国人的帮助下已经在古巴沿海地方发现石油，所以那些石油钻井平台上面都飘着两个国旗，一个古巴红旗，一个五星红旗，我走过时我真想给它敬个礼。

4. 综合国力稳步提升

在这方面我国有坚实的基础，除了多年的积累之外，“新城镇化”、国外发展现代服务业，以及教育文化科研的投入逐年增长等，这些都可以表明我国综合国力的稳步上升。可以说全世界没有几个国家有中国这样的经济社会发展态势和潜力。中央指出的“动能转换”正逐步见成效，“创新驱动”已从口号变为现实。当今世界无论你走到哪里，你都会为祖国而自豪。

5. 社会稳定，人民安居乐业

纵观全球，任何国家都在关注社会稳定的问题，但是骚乱、罢工、抗议，群发性干扰人民安居乐业的事件比比皆是。相比之下，由于中国共产党治国理政的实效以及强化法治建设，“反腐打黑”，使我们在社会安定这方面始终走在世界各国之前列。我国一直维持高就业率和不断优化社会保障体系，使百姓有安全感，有获得感。有了国家的稳定作后盾，我们的“扩大开放”“走出去”才有底气，才有后盾。

习总书记提出“一带一路”的倡议是经过审时度势，深思熟虑的。中国人在“一带一路”精神的召唤下，正在不断向外发展。习总书记讲过，“我们要为子孙后代拓展发展空间”，所以现在的“一带一路”倡议及相关的举措就包含着为我们现在的大学生以后的发展空间进行拓展，关键的是大家要有“以天下为己任”的豪情与壮志，放眼世界，振兴中华。

五、参与“一带一路”国际商务官员研修交流基地授课

习总书记在2013年提出“一带一路”，到现在六年多过去了，我们跟“一带一路”上的65个国家当中很大一部分都签署了政府间的协议，签署了这个协议以后，大部分是我们的产业转移，还有一部分是人家以资源换我们的基础设施建设，但是当这个项目要推进的时候，下面的官员和负责具体项目的执行人对中国一无所知，也没有跟中国人打过交道，只是听说中国人很差劲，不愿意与他们沟通。习总书记意识到这一点，他采取的方式我觉得令人钦佩。现在配合“一带一路”，他把“中国对外援助”里面取出一部分，不给人家东西，也不给人家钱，对“一带一路”国家我们只帮他

们培养了解中国的人才。我们以前曾经有一个战略，在各国设立孔子学院，宣传中国传统文化。所以现在又采取一个跟孔子学院互相配合的措施，就是先在北京、上海、杭州三个地方建立“国际商务官员交流研修基地”。

“一带一路”的65个国家中有中华人民共和国外交部驻外使馆的，都在当地人中物色了解中国的，或对中国有点感情的，或手里面掌握一部分的实权的，或主管的项目以后跟中国有合作潜能、潜力的，向他发出邀请，到我们中国来看看。到中国研修，有三块内容：一是听听中国的官员、专家、学者介绍中国的基本状况。二是带着去看看中国的名山大川，吃吃中国美食。另外一块，就是参观跟专业对口的有关项目。

这个项目从2016年开始发动，整整两年多，今年又开始了，已得到“一带一路”65个国家的普遍响应。商务部负责这个项目的实施，相同专业的或项目工作相关联的人组成一个班，这个班组建完成就交商务部负责，商务部在上海商学院建立了研修基地。

他们在到处物色能用英语上课并能即时回答学员各种问题的经济学教授时，有关领导介绍了我。当他们知道我当时还是全国人大代表，而且又曾是上海外语口译考试委员会委员、专家组成员，具体负责英语口语部分的考试及教材主编，竟然如获至宝。正好有个“部长班”，他们是来自六个发展中国家的部长级官员共九人，多国地方商会会长十多人，就让我整理编写教材讲义《中国国情》(A General Review of China)。我用了两天时间编好四张纸的讲义，送到商务部领导审核，立即批准使用。我教了49年书，还是第一次给外国部长们上课。经过认真准备居然一炮打响，效果极佳。商务部就指令，凡是讲到“中国国情”，原则上以东华大学严教授的英文版本为主，各个上课的教授你自己可以考虑增减。而且他这个上课要求每一个听课的人都必须给每个上课的老师打分，我到目前为止依旧是“上海基地”得分最高的上课教授。

他们专门为我制作了一张聘书，我的聘书是001号。2019年的培训计划又要实施了，今年来的人更多，这个项目已产生了巨大的国际影响。商务部“研修基地”领导要求我开发一门新课程——“中国改革开放40年”，我完成了四张纸的讲义并已获批准使用。前年，有关领导对我说请我替他们物色一个能够担当此项目的教授，我找了我们管院的(徐明)教授，介绍给他们以后，因为徐明教授一直在我们国际文化交流学院，也在给博士生、海外留学的博士生上课。虽然我已是东华大学编外之人，但是毕竟东华大学是我们的母校，我们是东华大学的教授，我们以东华人为荣。

对个人而言，能在古稀之年，“用平生之所学，为国服务”，真是我莫大的荣幸！

六、寄语当代大学生，抓住“一带一路”机遇，服务国家发展

我希望大家可以重视“开放”的新局面，相机参与其中。最后想告诉大家几点：

第一，中国以后的发展，要注意“改革开放”四个字。所谓开放，就是要以“一带一路”推进为主线。在这其中充满着机遇和挑战，你如果是一个有气魄的人，在制订你以后的职业生涯发展规划时，不妨考虑一下怎么在“一带一路”倡议的推进中找到你的角色定位。

第二，中国现在面临更大的机遇和挑战，世界形势越来越严峻，越来越复杂，但是我们国家有很多优势。中国是世界上最大的外汇储备国，我们的外汇储备有三万多亿美元，在世界上遥遥领先。就是像习总书记所讲的，我们党的一元化领导可以集中力量办大事，所以我们可以举全国之力来投资来开展重大项目，来应对各种机会和挑战。中国14亿人口，如果没有一个强有力的领导集体，就不可能像现在这样安定团结。中国是世界上派出留学生最多的国家，是到外国去旅游人数最多的国家，老百姓银行储蓄量最大的国家。就凭这几点，无论国际上有什么“风吹草动”，“撼山易，撼中华人民共和国难”！我觉得我们今天的各位青年大学生真是生逢其时。只不过现在部分同学还缺少一种气概，缺少一种浩然之气。

当年我们那些老华侨在国外创业时，他们的教育背景、能力什么的根本没办法同各位相提并论的，但是他们照样披荆斩棘，打出一片天地来，这样才不枉为中国人。所以看到这样的形势，我直感觉到自己年岁太大一点。哪怕有时候也会热血沸腾，但是想想自己满头白发，只叹，“心在天山，身老江南”！但是我作为一个过来人，一个行将就木的一个老者，想对大家说：身为中国人，国家是你后盾。也许你真正成功的机会就在“一带一路”上面，所以我预祝大家在以后的职业生涯发展中认清世界形势，以全球视野合理考虑自己的定位，勇敢地面对机遇和挑战，为国效力！祝你们成功！

第十章　丝绸之路与文化传承

王治东

导语：东华大学是以纺织起家工科见长的一所学校，纺织这个元素与丝绸之路、“一带一路”是密切联系的。本章主要围绕四个问题展开，古丝绸之路的兴衰；“一带一路”倡议，即丝绸之路的现代模式；纺织业发展与“一带一路”倡议；“一带一路”与东华大学的发展机遇。

一、古丝绸之路的兴衰

丝绸之路跨越亚欧，绵延万里，跨越千年。可这条路为什么冠以“丝绸之路”之名呢？也就是说“丝绸之路”这个名字是怎么来的呢？“丝绸之路”尽管与古代中国息息相关，但这个概念却是19世纪70年代由著名的德国地理学家李霍芬在他的《中国》一书中提出的。他把“从公元前114年到公元127年之间，中国与河中地区以及中国与印度之间，以丝绸贸易为媒介的这条西域交通路线”称为“丝绸之路”。随着学者逐渐地对亚欧大陆研究的深入，许多人发现了大量有关文献记载、考古资料以及沿途的遗址、遗迹，证实和确认了古代亚欧大陆确实存在着一条商品贸易的交通通道。“丝绸之路”这一名称在学界也就得到越来越多人的认同。

德国历史学家阿尔玛特·赫尔曼曾在他的论著《中国与叙利亚之间的古代丝绸之路》一文中主张：应该把丝绸之路“这一名称的含义进而一直延伸到通向遥远的西方叙利亚的道路上去”，因为“叙利亚尽管不是中国生丝的最大市场，也是其较大的市场之一，而且叙利亚主要是经过由通向亚洲内地及伊朗的这条通道获得生丝的”，可见丝绸之路的深远影响。

丝绸对于中国乃至全世界的重要性，我们有很多的故事可以来呈现。例如，在我国古代传说中，养蚕始于皇帝的贵妃嫘祖。虽然嫘祖养蚕是神话传说，但这恰恰可以证明蚕桑丝绸业是我国很古老的一种产业部门。据考古资料显示，蚕丝业在汉代已经形成大规模的贸易。

世界历史上有这样三个关于丝绸的故事:

第一个故事:公元前53年,罗马的执政官克拉苏鲁莽地率领七个军团杀向东方,途中遭到安息(伊朗)人的抵抗。安息人吼叫着蜂拥而上,将罗马军队层层包围。天将正午时,安息人突然展开红艳艳的丝绸军旗,向罗马军队发起冲锋。罗马人以为是什么新式武器,仓皇溃逃。罗马人后来获悉导致他们惨败的前所未见的丝绸军旗,并非安息所产,而是一个遥远的民族创造的,这个民族就叫"赛里斯"。

其实,希腊人很早就已开始使用丝绸,并称中国为"赛里斯国"(Seres,即产丝之国),在著名的《荷马史诗·奥德赛》中就有关于丝绸的描写:"从门阈直到内室,椅子上放着柔软的绮罗。"

第二个故事:与第一个也比较类似,公元前48年的一天,罗马帝国的统治者凯撒,在一次庆功宴上,向参加宴会的人展示了他从波斯商人那里得来的一件丝绸长袍。丝绸柔软的质地和艳丽的色泽,使在场的人羡慕不已。很快,这种丝绸衣料就风靡了整个罗马。为了买到这种衣料,罗马人纷纷向波斯商人打听丝绸的产地,波斯商人告诉罗马人说,丝绸产生在一个叫做"赛里斯"的国家,这个国家在东方遥远的尽头。这个故事中波斯商人说的这个叫"赛里斯"的国家和上文提到的叫"赛里斯"的民族,就是古代的中国。

第三个故事:狄德罗是18世纪法国哲学家。朋友送狄德罗一件质地精良、做工考究的丝绸睡袍,狄德罗非常喜欢。可他穿着华贵的睡袍在书房走来走去时,总觉得家具不是破旧不堪,就是风格不对,地毯的针脚也粗得吓人。于是,为了与睡袍配套,旧的东西先后更新,书房终于跟上了睡袍的档次,可他却觉得很不舒服,因为"自己居然被一件睡袍胁迫了"。这些故事说明"丝绸"在历史上的神奇传说。

关于"丝绸"的诗歌也有很多,在《霓衣羽衣歌》中,所谓"不著人间俗衣裳";宋朝张俞的《蚕妇》,"昨日入城市,归来泪满巾。遍身罗绮者,不是养蚕人"。两首诗虽不是产生在同一个朝代,但也有种强烈的对比,我们从中可以感受出很多很多,在这两者的张力之间,可以引发大家很多思考。但是不管怎么说,丝绸对于整个中国传统文化,对于古往今来的世界贸易,都是非常重要的元素。那么丝绸之路的发展是怎么样的呢?

(一) 凿空之旅:张骞通西域

丝绸之路的全线贯通及真正的发展始于汉朝,张骞作为关键性人物发挥了不可替代的作用。

秦汉之际，中原战乱，匈奴方强。汉朝建立之后，经过 100 余年的休养生息，国力大为增强。汉武帝在审问匈奴降人时听说月氏与匈奴为世仇，为匈奴所败后向西逃窜，一直怨恨匈奴。汉武帝认为对付匈奴需要帮手，决定派张骞到西域去联络月氏共击匈奴。月氏又称月支或大月氏。这个民族在《史记》《汉书》中没有专门立传。但《史记》中的《乌孙传》《大宛传》《张骞传》等记录了月氏早期历史的一些资料。月氏为游牧部落，“随畜迁徙，与匈奴同俗”。月氏西迁后在中亚建立贵霜王朝，但我国史籍习惯上称之为月氏。

西汉建元三年（公元前 138 年）张骞率匈奴人甘父和 100 多名随从离开长安。西域最重要的地理单元：河西走廊、祁连山、天山、昆仑山都由张骞完成首次勘察，其中昆仑山本是虚无缥缈的神山。张骞在勘察于阗（今和田）南部之山时发现，此处富产玉石，并有“于阗河”（今和田河）流出与上古传说中“昆仑之虚产玉石、出大河”的记载颇为相似。他随即向汉武帝报告，武帝据此正式命名此山为昆仑山。

第一次出使西域，张骞在河西地区为匈奴所俘获，被送到漠北匈奴单于处。匈奴把张骞拘留起来，但未加虐待，还嫁女给他为妻，后来生了孩子。张骞虽然被俘，却不忘使命。十余年后，匈奴人对张骞的看管放松，张骞寻机从匈奴逃脱，日夜兼程，到达大宛（今费尔干盆地）。大宛派人送他们到康居（阿姆河以北粟特之地），康居又把他们送到月氏。月氏人在大夏定居以后，觉得当地土地肥沃，物产丰富，非常满足。虽然张骞尽力劝说他们与汉朝联合共同打击匈奴，但他们却不愿意再与匈奴为敌，张骞出使没有达到目的，只有返回长安。在途中，经过新疆南部，再次被匈奴所俘，但又一次逃了出来，回到长安。这次出使前后共 14 年。

张骞虽然没有能说服月氏与汉结盟，但却第一次给中原人带来了西域地区的可靠消息。公元前 119 年，汉武帝派张骞再次出使西域。汉朝非常重视这次出使，使团共配有 300 人，每人两匹乘骑，携牛羊数以万计，并带大量钱币、丝绸。张骞本人直接到乌孙，他派出许多副使分别前往康居、大宛、大月氏。

汉武帝派张骞再次出使的目的是劝说乌孙迁回河西故地，与汉朝共同对付匈奴。但是此时的乌孙内部出现了分歧，各部首领不愿再回到河西故地。不过乌孙最后同意派出使臣随同张骞回汉，向汉朝进献乌孙马。

在冷兵器作战时代，马匹是军队机动的主要手段。中亚的马是世界闻名的良种马，高大俊美，速度快耐力好。乌孙马在汉朝大受欢迎，被称为“天马”。后来更为优良的大宛马输入后，乌孙马被改称为“西极马”。从这个时代起，中亚与中原之间的

“丝马贸易关系”就正式建立了。张骞派往康居等地的副使后来引导诸国使节也陆续回到汉地，使中原与西域的关系空前地密切起来。

张骞出使以后，西域与中原建立了密切的联系，西域历史成为中国历史的一部分，中亚草原成为连接中国与西方文明的桥梁。张骞这次出使第一次贯通了丝绸之路，也被称为“凿空之旅”，具有非常重要的历史意义。

（二）班超经营西域

在张骞西行约200年后，汉在西域的经营已然付之流水。东汉明帝时期，班超开始经营西域，居然在30年间恩威并施平定50余国。在经营西域的第25个年头，即公元97年，班超派出甘英出使当时被中国人称作大秦的罗马帝国。

那时的大秦在中国人眼中是个极其富饶的国度，如同15至17世纪西方地理大发现时代，西方人对东方中国的财富向往一样。《后汉书·西域传》中记述：“（大秦）土多金银奇宝，有夜光璧、明月珠、骇鸡犀、珊瑚、琥珀、琉璃、琅玕、朱丹、青碧。刺金缕绣，织成金缕罽、杂色绫。作黄金涂、火浣布……”

甘英再次翻越葱岭，从今天巴基斯坦的北部来到了安息。安息是一个地域广大的帝国，全盛时期的疆域雄踞今天伊拉克、伊朗的大部分地区。甘英自东向西横穿了整个安息，到达了安息的西界，但最终止步于波斯湾的海边。

自东汉哀帝以后，内患不断增加，中央政府式微，迫使东汉朝廷放弃了对西域的控制。这令西域内部纷争不断，之后车师与匈奴年年不断的战争更令出入塔克拉玛干的商路难以通行。东汉政府为了防止西域动乱波及中原，经常关闭玉门关。这些因素最终导致丝路东段的交通陷入半通半停的状态，丝路上的商贸因此慢慢萧条。

（三）隋唐：丝路的繁盛时期

隋、唐时代中国的繁荣吸引了周边许多国家。隋、唐帝国辽阔的疆域使中原与西北边疆地区的联系变得空前密切。唐朝政府在漠北设置州府后，开辟了漠北通往内地的驿路，唐朝平定西突厥后，天山以北诸地之间的交通形成了网络。自伊州（今哈密）至北庭有驿路可通；自北庭至高昌亦有数条道路；自北庭向西，有驿路通伊犁河流域，再向西便是碎叶川，可继续西行。自北庭州向北则可通漠北回鹘汗国牙帐所在地于都斤山。草原丝路的交通网络就此形成，丝路贸易也因此再次复兴。

唐贞观四年（630年）东突厥汗国为唐王朝所灭，漠北各族首领纷纷入朝，尊奉唐太宗为“天可汗”。代东突厥而起的薛延陀汗国，于唐贞观二年（646年）为唐朝灭亡，唐太宗在漠北铁勒各部设置羁縻府州，各部原首领仍继续管辖各部，并设燕然都护府总领。不久又根据各部请求，开辟“参天可汗道”，设68所驿传，参天可汗道就此成为漠北与中原的主要通道。参天可汗道的设立大大地便利了中原王朝与西域诸地的联系，不仅有大量的使节通过这条道路来到中原进贡，大量的商人也通过这条道路来到中原进行贸易。

由此可见，唐代的丝路与汉代的丝路有所不同。唐朝控制了丝路上的西域和中亚部分地区，且建立了稳定而有效的统治秩序。西域小国林立的状况得以解决，丝绸之路再次变得畅通。不仅是阿拉伯的商人，印度也开始成为丝路东段上重要的一部分。往来于丝绸之路的人们也不再仅仅是商人和士兵，为寻求信仰理念和文化交流的人们也逐渐出现在这一时期。中国大量先进的技术通过各种方式传播到其他国家。同时，还接纳了相当数量的遣唐使及留学生，他们来到中国学习中国的技术和文化，佛教、景教也各自迎来了在中国广泛传播的机会，多元的文化在当时的中国汇聚且得到了很大程度的发展。

丝路商贸活动的直接结果是大大激发了唐人的消费欲望，因为商贸往来首先带给人们的是物质上的富足，这些都是看得见、摸得着的。丝路商贸活动异常繁荣，令人眼花缭乱。各种货物在这条商贸之路上往来，从皮毛植物、香料、颜料到金银珠宝矿石金属，从器具牙角到武器书籍乐器，几乎应有尽有。外来工艺、宗教、风俗也随着商人进入中国。一位美国研究者这样评价当时的中国社会：“当时的中国是一个崇尚外来物品的时代，当时追求各种各样的外国奢侈品和奇珍异宝的风气开始从宫廷中传播开来，从而广泛地流行于一般的城市居民阶层之中。”从这段描述中可以看出，当时物质的丰富、社会的富足、贸易的繁盛。

(四) 陆上丝绸之路的凋敝

安史之乱后的唐朝开始衰落，北方地区连年战乱，丝绸、瓷器的产量不断下降，商人也因战乱过多而不愿远行。丝绸之路再次因为战乱而萧条。

唐代以后南方相对稳定，对外贸易也因此逐年增加。北方的战乱使得中国经济中心逐渐南移。这样就带动了海上丝绸之路的繁荣，成都和泉州也因此逐渐成为南方的经济中心。由于两宋无法对河西走廊形成有效的控制，宋朝以后海上丝绸之路的地位逐渐上升，陆上丝绸之路逐渐衰落。明清时期由于气候的变化，陆上丝路沿途重要交通要冲已不再适合人类生存，陆上丝绸之路也因此慢慢消失。

这里面还有一个重要的历史聚合因素。忽必烈建元初始，元朝的大一统开创了欧亚大陆上前所未有的统一，长途探险的障碍也消除了。公元1275年出生于大都的畏兀儿人拉班·扫马，奉忽必烈之命横穿欧亚大陆到达了土耳其伊斯坦布尔，最终乘船到达罗马。

然而，15世纪奥斯曼土耳其帝国崛起。奥斯曼土耳其是一个非常强大的帝国，灭掉了东罗马帝国。奥斯曼土耳其的崛起切断了两千年的古丝绸之路，史称“奥斯曼之墙”。这个切断恰恰改写了西方历史，正因为“奥斯曼之墙”的隔断，促使了欧洲对于海上道路的探索，也就是大航海时代的到来，整个世界秩序开始也因此改写。从麦哲伦开始就向往中国、印度，这才有了哥伦布发现美洲大陆，进而开启了整个资本主义世界的殖民。海上丝绸之路的兴起，使整个世界历史被改写了。

2017年5月14日，国家主席习近平在北京出席“一带一路”国际合作高峰论坛开幕式，对古丝绸之路给予很高的评价。他指出：“古丝绸之绵亘万里，延续千年，积淀了以和平合作、开放包容、互学互鉴、互利共赢为核心的丝路精神。”古丝绸之路见证了陆上“使者相望于道，商旅不绝于途”的盛况，同时也对古丝绸之路的消亡进行了“和时兴、战时衰”的准确总结。以上的四个历史阶段，也确实是和时兴、战时衰的真实历史写照。

二、“一带一路”：丝绸之路的现代模式

透过这个历史，千年之后，我们在今天回望“丝绸之路”，它带给我们的不仅仅是文化的感慨，帝国的兴衰，还有就是在今天如何做的问题。今天的“一带一路”倡议，就是丝绸之路的一种现代模式。“一带一路”倡议提出三年多来，取得了丰硕的早期收获，目前已得到世界上100多个国家和国际组织的响应和支持，中方与40多个国家和国际组织就共建“一带一路”签署了合作协议。

（一）“一带一路”的提出与发展

“一带一路”是丝绸之路经济带和21世纪海上丝绸之路的概括，“一带一路”的两个核心点，一是应对全球形势的变化，二是统筹国际国内的需要。是“构建中国全方位开放新格局的必然要求”。从内部来说，丝绸之路是中国可持续发展战略的一个有机部分，改革开放这40年来，中国经济的发展注入了很多外在动力，早期主要是对西方的发达国家开放，对接最先进的科学技术。现在中国国内经济的增长不仅仅是在这样的一个层面上，我们需要注入一个新的活力，需要一种新的开放形式。

从外部发展来讲，是促进亚欧国家共同繁荣发展的一种必然选择。“一带一路”倡议秉承开放的区域合作精神，致力于维护全球自由贸易体系和开放型世界经济，符合国际社会的根本利益，也彰显了人类社会的共同理想和美好追求，这是对国际合作以及全球治理新模式的一种积极探索。2013 年 9 月，习近平主席在哈萨克斯坦首次提出共建丝绸之路经济带的一种设想。2013 年 10 月，习近平在印尼提出共建 21 世纪海上丝绸之路设想。2013 年 11 月 12 日，《中共中央关于全面深化改革若干重大问题的决定》里面有所提及。2014 年政府工作报告再次提及“一带一路”。2015 年 3 月 28 日，《推动共建丝绸之路经济带和 21 世纪海上丝绸之路的愿景与行动》出台。“一带一路”倡议影响逐步扩大，辐射范围既包括发达国家，也包括发展中国家，贯通中亚、东南亚、南亚、西亚以及欧洲部分的区域。东牵亚太经济圈，西系欧洲经济圈，覆盖的人口约 44 亿人口，经济总量约 21 亿美元。

“一带一路”倡议给古老的丝绸之路赋予新的时代内涵、为中国全面深化改革规划美好的蓝图、为亚欧区域合作注入新的活力、为世界发展繁荣提供新的路径。世界贸易组织统计的数据，在 2015 年中国服务贸易进出口额达到了 7 130 亿美元，比 2014 年增长了 18.0%，这是一个数字，但是一个数字背后却呈现出“一带一路”倡议带来的活力，和这种合作的深度和覆盖面。

(二)“一带一路”的内涵与成果

丝绸之路是曾经的传奇之路，它创造了无数的财富，凝聚了各国人民，碰撞了很多文化的交流，改写了历史。现代的丝绸之路，我们要建设的是和平之路、合作之路、共赢之路，这也是“一带一路”非常核心的要素。“一带一路”是世界上跨度最长的经济大走廊，也是世界上最具发展潜力的经济合作带。“一带一路”首先就是亚欧之间的交通网络，什么样的一个交通?“通”字对于我们今天的经济意义、文化意义非常重要。在整个信息时代，信息的一个核心就是“通”。实际上在经济上也是“通”，在整个古罗马和中国之间，安息是要通但又要不完全通，所以这里面蕴含了很多“通”的内涵。这里可以看到铁路、公路、航空、航海、油气管道、输电线路、通气网络等都是“通”的新要素，每个交通网络背后都有相关的网络服务的产业集群，这种产业集群聚合了之后就会形成经济走廊，可以说亚欧之间形成最长的经济走廊、经济带也就意味着新的发展空间和机会。

“一带一路”一般是三条线路，北线是以亚欧大陆桥为主，北经俄罗斯、德国、北欧。中间地带是以石油天然气管道为主，从北京到巴黎。南线是以跨国公路为主，从北京到西班牙。陆上丝绸之路和海上丝绸之路形成了一个大的辐射范围。

21世纪的海上丝绸之路是以泉州等地为起点，横跨太平洋、印度洋，历经南海、马六甲海峡、孟加拉湾、阿拉伯海、亚丁湾，涉及东盟、南亚、西亚、东北非等相关的国家。

"一带一路"的五个重点即政策、设施、贸易、资金、民心，落脚点在"民心"，"一带一路"的三个共同体，第一是利益共同体。在利益之外我们有责任、担当，还有的就是共同的命运诉求，所以利益共同体是基础。经济数字撑起整个"一带一路"最核心、最具活力的基本面。战略的目标是要打造责任共同体，共建责任共同体，以此作为"一带一路"的实现路径，中国愿意在力所能及范围内承担更多的责任和道义。"一带一路"在沿线国家开展大规模基础设施投入合作，带来整个区域经济平衡发展，同时为中国的发展提供发展机遇。

2015年，汇丰银行发布的研究报告表示，"一带一路"倡议将减轻基础设施短缺对"一带一路"沿线发展经济体的这种影响；里昂发布的官方研究报告也提到，中国的"一带一路"倡议是一项杰出的计划，在该计划当中中国与邻近国家进行基础设施建设对接，以促进这种互联互通；亚洲开发银行报道，2016到2030年亚太地区所需的投资当中，电力投资、交通投资、电信投资、水利和卫生方面的花费非常巨大，而这些领域恰恰是中国基础设施建设的优势项目，为中国带来了极大的机会。

习总书记的系列讲话当中，提到"命运共同体"一词。"一带一路"倡议则是人类命运的共同体，是未来社会发展利益共同价值诉求。我们经常说独行快，众行远，"一带一路"是双赢、多赢、共赢之路，是构建人类命运共同体，实现共赢共享的中国方案积极探索与伟大实践，这也是基于一种共同的价值观，也是一种规则，强调利益获得，不抹杀利益获得，强调价值的实现。共赢是平等协作基础上的利益共享与责任共担。

三、纺织业发展与"一带一路"

那么纺织业发展与"一带一路"之间聚合哪些要素？"一带一路"在今天输出的不仅仅是丝绸和瓷器，而是当今的经济文化，包括我们曾经辉煌的纺织业。不仅仅是中国的纺织业，世界历史上的纺织业引领了工业革命，纺织行业新的出路在何方呢？俞院士在之前的访谈中讲到，未来的纺织业第一个要走数字纺织之路，推动智能制造、装备的智能化、产品的智能化，在制造环节的智能化。第二个是绿色纺织的打造，解决的是原料、产品，包括整个加工过程的绿色。第三是新材料的利用，纺织要向更高的品质拓展，纺织要向更多元化的功能拓展，纺织要在新领域上拓展，这代表了未来纺织业。第四他谈到了应用纺织的发展。比如说国防、军工、航天、航空、民生，提高人民生活水平的现实需求。

(一) "一带一路"背景下纺织业发展的新方向

纺织工业借助工业 4.0 的发展面临一个新的转型升级的机遇，对于纺织行业来说"一带一路"究竟能给行业带来什么？"一带一路"为沿线国家通过相互融通获得共同发展的机会和空间，纺织行业作为国家产业布局的重要一环，要参与这个重大战略行动来获得整体提升，因为这里蕴含着机会，而且空间巨大。当前我国纤维加工量已经占到世界的 55%，在"一带一路"的视野当中把纺织发展放到更大的发展的平台上来获得新的发展机会，从而去服务国家的重大战略，这也是东华的机遇之所在。在"一带一路"当中怎么聚合这样的发展呢？要契合整个"一带一路"的要素，比如在东南亚和南亚建加工基地，铺设海外物流网络等。随着"一带一路"战略的实施，中国传统优势的产业之一的纺织业，通过整合"一带一路"沿线资源正在实现这种产业链的全球化的布局。相关人士分析"一带一路"将会有效降低我国纺织产业在周边国家布局中成本和政治风险，同时还能挖掘更多的贸易潜力，为企业国际成长创造有利的环境。

(二) "一带一路"为纺织行业带来的机遇

"一带一路"通过加速制定新的贸易规则，挖掘多边贸易潜力，做大纺织产业链和终端环节的消费市场。"一带一路"当中很多的经济走廊、经济带，特别是中巴、印中、印缅和中亚为我国纺织产业跨国布局所需要的丰富的原料资源和劳动力资源提供了巨大的市场和有力的支持。根据纺织和行业领域的这些相关统计显示，截止到 2014 年底，中国企业在海外设立纺织服装生产、贸易类企业超过 2 600 家，分布在超过 100 个国家和地区。随着互联互通和大规模基础设施现代化的实现，单个中国纺织企业在区域内不同国家进行产业链垂直一体化经营和产能跨国配置的可能性会大大提升。

2016 年 10 月，"一带一路"纺织交易联盟倡议大会召开，着眼于共建"一带一路"，包括新疆等西部地区的纺织企业的信息交流平台，提供纺织企业的物流、仓储、资金等服务，共同建立区块链的纺织交易信用系统。随着中国的劳动力、土地成本的逐年上升，纺织服装加工业向成本比较低廉的国家转移这是大势所趋，“一带一路”带来了可贵的机会，但是风险也是客观存在。各国的利益不同，地缘政治、形势是多变的，“一带一路”这个宏大的愿景肯定不是一蹴而就的，纺织行业在“走出去”融入“一带一路”过程当中肯定会有很多困难，但是这些困难也蕴含着无限的生机。

四、“一带一路”与东华大学的发展机遇

“一带一路”带给东华大学是一个什么样的机会？在中国纺织工业发展与大学生时代责任这一讲中讲到纺织业要想突围，目前面临这样一些机会，即实现循环经济，柔性价值链。各个国家如何去立足纺织行业的发展，第一是政府、产业、学术三界联合的模式，第二是以国家的重要战略、经济命脉、民生健康多层面、新需求为导向，开发新的纺织产品，第三就是强调循环经济和新材料的研发。俞建勇院士在访谈中提到的绿色纺织、智能纺织、新型纺织、纺织新的应用，这也是整个纺织行业在“一带一路”当中的机遇和挑战。

近年来东华大学依托纺织服装材料等特色学科优势，与海外的大学、国内外的机构携手发展纺织国际教育，在促进“一带一路”国家交流、积极服务纺织产业发展和国际产能合作等方面发挥着积极的作用。这也为东华学子提供了机会。从建校以来，学校就人才辈出，贡献卓越。一代代东华人以国家富强为己任，自豪地说，中国纺织工业的中流砥柱，东华大学可占其一。全国政协原副主席陈锦华同志为我校曾题词：“从旧中国人民衣不遮体，到新中国的丰衣足食和成为世界纺织大国，东华大学作为纺织业的人才摇篮，功不可没，业绩辉煌。”

高速纺、碳纤维包括宇航服都是东华大学引以为豪的巨大的科技成就，也是对接国家战略、具有显示度的科研成果。东华大学进一步确定了全面实现国内一流、国际有影响、有特色的高水平大学的目标，尤其把积极对接“一带一路”这样的国家战略作为学校的重点和目标，所以说也着眼于实现纺织学科进入国际的顶尖行业。东华大学为“一带一路”服务，首要的是人才培养，科学研究，服务社会，传承文化，与国际交流。从 1954 年开始，东华大学便开始培养外国留学生，为“一带一路”沿线国家培养了大批纺织行业的人才。2016 年共有来自世界 140 多个国家 4 700 多名外国留学生来到东华大学学习。2010 年学校加入了“中非 20＋20”的教育合作计划，着力培养全球纺织领域的高端人才。2015 年设立了全球首家纺织特色的孔子学院，莫伊拉大学孔子学院。2016 年东华大学联合中国纺织工业联合会，开办上海纺

织集团设计纺织服装产业“一带一路”产能国际合作高级研修班，并成功申报了上海市教委“一带一路”专项资金的资助，以高级研修计划为先导，积极响应国家的“一带一路”的合作倡议。

东华大学在时尚周的时候举办了2017年时尚周城市记忆“一带一路”沿线国家时尚流行变迁的图片展，其中展出的图片是外国留学生的家人、朋友的老相片，这些照片聚合了各个沿线国家的服饰变化的流行要素。组织图片展的工作室是上海市政府发展研究中心下设的“一带一路”流行文化研究工作室。这个图片展览，体现出了时尚的变迁史，这也是东华大学的特色，聚合了一个很重要的元素。

从历史走来，几千年的丝绸之路，聚合的是文化和历史的传承。回顾历史是为了更好的明天。“一带一路”，东华大学在行动，东华人也在行动。

后　记

《锦绣中国》一书，是在习近平新时代中国特色社会主义思想指导下，贯彻落实全国高校思想政治工作会议所强调的"专业教师虽然各自的学科领域不同，但育人要求是一致的"精神，集合东华大学纺织等特色学科名师，深入挖掘学校深厚历史底蕴中包含的丰富文化教育资源而形成的，本书内容将价值导向与知识导向相融合，教育引导广大师生将个人成长成才融入国家社会发展中，传承爱国担当的责任情怀。

本书由东华大学马克思主义学院组织编撰，由东华大学党委副书记刘淑慧，马克思主义学院党总支书记、院长王治东教授确定总体思路和大纲。参与本书编写的有：王治东、朱民、刘淑慧、陈革、程正迪、俞建勇、朱美芳、王依民、周洪雷、严诚忠。全书由刘淑慧、王治东负责统稿。

《锦绣中国》项目在建设中得到上海市教委领导、上海高校多位马克思主义理论专家的关心和指导。东华大学学校领导十分重视本项目的建设，党委宣传部、教务处等部门对本书的创作和出版提供了宝贵支持和帮助。在此，我们谨向在本书规划、写作和出版过程中给予指导和帮助的各位领导和专家表示衷心感谢！

由于作者水平所限，书中的不足在所难免，祈请指正！

图书在版编目(CIP)数据

锦绣中国/刘淑慧，王治东主编. —上海：上海教育出版社，2019.8
(中国系列丛书)
ISBN 978-7-5444-9381-9

Ⅰ.①锦… Ⅱ.①刘… ②王… Ⅲ.①纺织工业—工业发展—中国 Ⅳ.①F426.81

中国版本图书馆CIP数据核字(2019)第172135号

责任编辑 张璟雯 邹 楠
封面设计 郑 艺

锦绣中国(第一辑)
刘淑慧 王治东 主编

出版发行 上海教育出版社有限公司
官 网 www.seph.com.cn
地 址 上海永福路123号
邮 编 200031
印 刷 启东市人民印刷有限公司
开 本 700×1000 1/16 印张 7.25 插页 2
字 数 125千字
版 次 2019年9月第1版
印 次 2019年9月第1次印刷
书 号 ISBN 978-7-5444-9381-9/D·0121
定 价 48.00元

如发现质量问题，读者可向本社调换 电话：021-64377165